大学入試

総合・推薦入試をひとつひとつわかりやすく。

Gakken

はじめに

　「総合型選抜や学校推薦型選抜で大学に入りたい」。密かにそう願う高校生は
ずいぶんいるようです。やはり一足早く大学受験を終えられるのが魅力だから
でしょう。そうであるのに、試験方法が特殊なため、対策のとりようがないと、
最初から受験をあきらめてしまう高校生もまたずいぶんいるようです。行きた
い大学・学部に総合型選抜・学校推薦型選抜があって、出願資格があるのなら、
ぜひ挑戦することを勧めます。

　もちろん、何の準備もせずに持っている才能のみで勝負しようなどと考えて
はいけません。文才があれば、小論文や志望理由書を書けるかと言えばそんな
ことはありません。笑顔が輝いていて話し上手であれば面接は万全かというと、
全くそうではないのです。合格するには、やはり「総合型」「学校推薦型」専
用の対策をとる必要があります。

　本書はそのための入門書です。まだ何も準備をしていない高校生が手にとっ
ても理解できるように、基礎の基礎から説明しています。基本練習付きのワー
ク型参考書ですので、読んで理解したことを、書いて定着を図ることができま
す。1テーマを見開き2〜4ページにまとめているので手軽に学習しやすい構
成になっています。朝学習の時間や学校の休み時間などをうまく活用しながら
進めていけば、短期間でみるみるうちに、総合型・学校推薦型選抜合格の実力
がつくでしょう。

　本書は樋口裕一、和田圭史の二人で執筆しました。第1章と第5章の小論文
のパートは樋口裕一、第2章〜第4章の提出書類と面接のパートは和田圭史が
担当しました。二人で打ち合わせしたことは、「書き読み」を基本とする総合
型選抜・学校推薦型選抜の入門書を作ろうということだけでした。「読み書き」
でなく「書き読み」です。書くことで、読んで頭で理解したことをかたちにで
きます。かたちにできてこそ本当の理解に到達できます。皆さんが、私たちの
教える合格のツボを、「書き読み」でしっかり自分のものにして、晴れて希望
の大学・学部・専攻に合格することを心より祈っています。

樋口裕一・和田圭史

もくじ

第5章
小論文入試対策トレーニング

この本の使い方

● 1回分の学習は1～2見開き（2～4ページ）です。出願、試験日までの残り時間をにらみながら、どんどん進めていきましょう。

● 第2章、第3章、第4章の後半には、入試にそのまま活用できる準備ワークがあります。あなた自身の考えや体験を書き込み、志望理由書・自己推薦書の作成、面接回答対策に役立てましょう。

● 第5章の終わりには、実際に総合型選抜（旧AO入試）・学校推薦型選抜（旧推薦入試）に出題された小論文の問題を学部系統別に3問掲載しています。力試しに取り組んでみましょう。別冊に解答例・解説も紹介しています。

制作スタッフ

ブックデザイン	山口秀昭［Studio Flavor］	校正	佐藤玲子 宮崎史子
カバーイラスト	坂木浩子［ぽるか］	データ作成	株式会社 四国写研
本文イラスト	たむらかずみ	印刷所	株式会社 廣済堂
編集協力	鈴木瑞穂		

☺ 「総合型」「学校推薦型」の入試対策の学習を始める前に

総合型選抜・学校推薦型選抜とはどんな入試かを理解しましょう。

① 総合型選抜・学校推薦型選抜とは？

「かつての AO・推薦入試のことでしょ。…書類と面接で合格できる楽勝の入試！」

こんなとらえ方をしている受験生も案外多い気がします。確かに一般選抜のようにハードな学力試験が行われることはありません。かといって、何の準備もせずに合格できるほど甘くはありません。やはり準備がものを言います。

総合型選抜と学校推薦型選抜は次のように言われます。

「ペーパーテストでは測れない資質・意欲を評価する入試」

100 点満点の正答率を競うペーパーテストでは正解 1 つの差が合否を分けてしまいます。その大学で学ぶのにふさわしい個性、適性、能力、意欲をもった受験生を、正解 1 つの差で機械的に不合格にしてしまう可能性があるのです。考えてみれば、もったいない話です。大学を大いに盛り上げてくれるかもしれない学生を、1 つの誤答だけでみすみす落としてしまうわけですから。

こういった従来型の試験方式の欠点を補い、磨けば光る受験生のとりこぼしを防ぐために考えられたのが、総合型選抜（旧 AO 入試）と学校推薦型選抜（旧推薦入試）です。

② 学力試験はないの？

18 歳人口の減少で、大学は学生集めに苦労しています。2000 年代に入ったあたりから、大学は定員割れを起こさないように、夏から秋にかけて AO・推薦入試の機会を増やし、入学者確保に奔走することになります。受験しやすいようにと、書類審査のみ、面接のみといった学力不問の入試も一部の大学の AO・推薦入試で行われるようになりました。それが原因で日本の大学生の学力が著しく低下したとも言われています。「このままではまずい！」と危惧した文部科学省は、2020 年度入試より学力不問の入試を正式に禁じます。

総合型選抜（旧 AO 入試）、学校推薦型選抜（旧推薦入試）では

「調査書等の出願書類だけでなく、(1) 各大学が実施する評価方法等（例：小論文、プレゼンテーション、口頭試問、実技、各教科・科目に係るテスト、資格・検定試験の成績等）もしくは (2) 大学入学共通テストの少なくともいずれか 1 つの活用を必須化すること」

というように、**学力試験もしくは一定の学力が備わっている成績証明書等**を示すことがルール化されました。

③どんな入試が行われる？

総合型・学校推薦型選抜が**資質・意欲**を評価する「人をみる入試」である以上、もちろん**書類審査**と**面接**は欠かせません。そこに、小論文や各教科・科目のテスト、大学入学共通テストの成績などが評価に加わります。学力評価をする方法として最も活用されるのが**小論文**です。したがって、「**書類審査＋小論文＋面接**」による試験が最も多いパターンになります。

審査対象となる書類には、**調査書、推薦書**（学校推薦型選抜必須）など、学校の先生に作成してもらう書類と、受験生が自分で書いて仕上げる書類があります。全て出願時に提出します。

受験生が自分で書いて仕上げる書類には次のようなものがあります。

志望理由書　自己推薦書　活動報告書　学修計画書　エントリーシート　課題レポート

志望理由書は、総合型選抜でも学校推薦型選抜でも最も多く課される書類です。

自己推薦書、活動報告書、学修計画書、エントリーシート、課題レポートなどは、主に総合型選抜で課されます。総合型選抜では、受験生自身が書いて仕上げる書類を特に重視します。また多くの大学で、一種類でなく、複数の書類の提出が課されています。

書類審査、小論文、面接では、正しい答えが一つというわけではありません。これらの試験を通して、受験生一人一人の、磨けば光りそうな資質、意欲を総合的に推し量り、合否を判定するのです。

④書類審査、小論文、面接では何を問われる？

書類審査、小論文、面接では、どのような資質、意欲を判定されるのかを見ていきましょう。

志望理由書では、**意欲**がみられます。「大学で何を学びたいか」「大学で学んだことを、どんなことに生かしたいか」「将来何になるために、どんな力をつけたいか」といった目標達成への意欲がどれだけあるのか、目標達成をどれだけ真剣に考えているのかが、この書類で判断されます。

自己推薦書でも、**意欲**をみられます。この書類では、自分のセールスポイントを伝えて、志望大学・学部で学ぶ適性をアピールします。自分をうまく売り込んで、適性と共に自分の意欲をアピールするのです。

小論文は、言うまでもなく**論理的思考力**をみるテストです。大学の先生は日常的に論文に触れていますので、文章を読めば、その受験生が論理的に考える力がどのくらいあるのかを把握できます。また、小論文からは**視野の広さや社会への関心度**などをみることもできます。一部の大学・学部では**適性**をみるのにも小論文を活用しています。医学部、看護学部、教育学部の小論文は医師、看護師、教師の適性を推し量るのがねらいの一つです。

面接では、**コミュニケーション力**がみられます。近年、大学の授業にもアクティブ・ラーニングがずいぶんと取り入れられています。そこではコミュニケーション力が欠かせません。就職活動においてもコミュニケーション力のある学生は有利です。ですから、コミュニケーション力のある受験生は、どこの大学も獲得したいと思っています。コミュニケーション力以外にも、書類や小論文からはわからなかった受験生の優れた資質を見つけるのも、面接を行うねらいの一つです。

⑤総合型選抜と学校推薦型選抜の違い

　大雑把に見れば、総合型選抜と学校推薦型選抜は、似た者同士の入試とも言えます。入試において、資質、意欲、論理的思考力、コミュニケーション力をみられる点は共通しています。ただ、違いもあります。違いをおさえた上で、それぞれの入試に挑むことで、より有効な受験対策を立てられるでしょう。次の表に違いをまとめました。また、特に重要な共通点も並べて記載しましたので、いっしょに理解しましょう。

	総合型選抜	学校推薦型選抜
一言でいうと	高校の公認なしで、自らを大学に売り込む入試	高校の公認をもらったうえで、自らを大学に売り込む入試
出願開始	9月1日～	11月1日～
合格発表	11月1日～	12月1日～
出願資格	ない場合が多い。高校からの推薦書は必要ない。	ある（学習成績概評や課外活動の実績などで所定の基準を満たしている必要がある）。高校からの推薦書*が必要。
学力試験	小論文、各教科・科目に係るテスト、大学入学共通テスト、ほか	
提出書類	志望理由書、自己推薦書、活動報告書、ほか。複数の書類を提出する場合もある。字数・枚数も多め。	志望理由書が多い。A4用紙1～2枚程度が標準。
面接	長め。プレゼンテーション・口頭試問を含む場合、面接を複数回行う場合もある。	比較的簡潔。10～15分が標準。口頭試問を含む場合もある。
旧入試区分	AO入試 自己推薦入試　など ※現在は、総合型選抜に属することを示した上で、大学固有の入試名称を打ち出している場合もある。	公募推薦・指定校推薦 スポーツ推薦　など ※現在は、学校推薦型選抜の中の「公募制」「指定校制」というように、さらなる区分をしている場合もある。
合否の分かれ目	マッチング（大学の受け入れ方針と受験生の希望が互いにかみあうこと）が重要。志望大学・学部・学科に対するこだわりを示せると強い。	

*推薦書…高校が作成。生徒の学習歴や活動歴を踏まえた「学力3要素」に関する評価を記載することが必須化されている。また、大学が選抜でこれを活用することも必須化されている。

*入試スケジュール（出願期間、試験日、合格発表日、入学手続き期間など）は、各大学により異なるので、志望大学の公式サイトなどで必ず確認しよう。

⑥まずは小論文からはじめよう

　総合型・学校推薦型選抜合格のカギは小論文です。小論文の学習で身につく論理的思考力は、志望理由書などの書類作成、面接回答の全てによい影響を与えます。文章も発言も筋道が通りわかりやすくなりますし、説得力も増します。知識や多様なものの見方も備わり、志望理由書や面接で個性をアピールするにも役立つでしょう。

　というわけで、本書を手にとってくれた受験生は、第1章から順々に勉強することを勧めます。第1章を終えてから第2章以降に入ると、学習の習熟度が加速します。結果的には最短コースで総合型・学

校推薦型選抜での大学合格を手にすることができるでしょう。

⑦総合型・学校推薦型選抜の学習準備スケジュール

【出願２ヶ月以上前】

○志望学科・専攻・コースで学ぶ意欲・関心を高める

→オープンキャンパスに出かける。大学パンフレット・ホームページで大学情報を入手する。
学びたい分野に関する本を読む。新聞やインターネットで気になる記事はスクラップする。

○小論文を勉強する

→本書を用いて基本を学ぶ（論理的思考力、文章構成力をつけるため）。添削指導を受ける。

○学校の定期テスト、一般入試に向けた勉強もする

→学校推薦型選抜の場合、高１から高３の１学期までの全科目の成績合計を全科目数で割った数
値（全体の学習成績の状況）をもとに区分される「学習成績概評」（Ａ〜Ｅの５段階）のラン
クが出願条件になる場合が多い。少しでも上位ランクになるように努力しておけば得すること
もある。基礎学力・学習意欲・学習習慣の維持のために、基礎レベルで構わないから一般入試
に向けた学習にも取り組む。

【出願の１〜２か月前】

○提出書類の作成を開始する

→添削指導を受けてから、何度か書き直す。

○過去の入試問題に取り組む

→小論文ほか学力テストがある場合には、過去の入試問題に取り組む。

【出願後】

○面接回答準備を開始する

→親や先生にお願いして模擬面接を行う。

【試験日の１〜２週間前】

○面接に向けて身なりを整え、持ち物を揃える

→髪、制服、持ち物（筆記用具・常備薬・手鏡など）、緊急連絡先、出願時提出書類のコピーな
ど。

○面接、小論文ほか学力テストの総復習をする

→これまでやってきたことを確認する機会を必ず一日は設ける。

【試験前日】

○明日の準備をする

→準備をしてから、最終の勉強に取り組む。

○早めに寝る

準備バッチリ！

合格

01 小論文と作文の違い

　作文は小学生のころから書いてきたけれど、小論文は書いたことがない、という人は大勢いると思います。そういう人は、「小論文って難しそうだ」と思っているかもしれません。

　でも、安心してください。小論文は難しくありません。作文が苦手な人でも、コツがわかれば、すぐに小論文を書けるようになります。作文の得意な人であれば、なおさらです。

　では、小論文は、作文とどう違うのでしょう。一般的には、

> **小論文**…社会や人間について客観的に論じるもの。
> **作　文**…自分の体験や主観的な感想などを書いたもの。

などといわれます。しかし、そういわれても、よくわからないと思います。もっとわかりやすい、小論文と作文の違いがあります。

　それは、

> **小論文**…ある問題に対して「イエスかノーか」を答えるもの。
> **作　文**…それ以外のもの。

だということです。

　「論じる」というのは、物事の是非を正すこと、つまり、ある問題が正しいかどうか、好ましいかどうかを判断するということです。ですから、ある問題に関して「イエスかノーか」を答えれば、それが「論」になるわけです。論文と名のつくものは、小論文でも学術論文でも、突き詰めていえば、論である限り、扱っている問題に対して「イエスかノーか」を答えています。

　ですから、どんな問題が出されても、イエス・ノーを問う問題提起を示し、それに対してイエスかノーかを、理由を示して答えれば、小論文になります。

　たとえば、「学校での組み体操について」という問題が出された場合、組み体操をしたときの気持ちについて書いたものは、「作文」になります。また、いろいろな学校でどのように組み体操が行われているかについて、調べたことを書いたものは、「解説」です。

　小論文では、「学校での組み体操は危険か」「学校での組み体操をやめるべきか」といったイエス・ノーを問う問題を考え、イエスかノーか、自分なりの理由を示して意見を書いてこそ、「小論文」といえるのです。

基 本 練 習

答えは別冊 2 ページ

【問題1】 次の文章のうち、小論文の一部だと見なされるのはどちらか。番号で答えよう。

① 　私は『グリム童話』を読み返してみた。子どものころに読んだのは絵本だったが、今度は図書館で借りた大人向けの本だ。読んで驚いた。残酷なところがたくさんあった。母に読み聞かせてもらったものとは全く違っていた。夢が破れた気がして悲しくなった。

② 　『グリム童話』には本来、かなり残酷な場面が含まれているという。『白雪姫』なども、最後には白雪姫が王妃に復讐して殺す場面がある。ところが、児童向けの本ではそのような場面はカットされているのである。このように、単純に残酷な場面をカットすることはよいことなのだろうか。

[　　　]

【問題2】 次のようなテーマが、小論文の課題として出た。体験を書いた作文になってしまわないように、イエス・ノーを問う問題提起をすることとする。どんな問題提起ができるだろうか。例を参考に書いてみよう。

例 「子どもの遊びについて」
イエス・ノーの問題提起……「子どもは外で遊ぶべきか」「子どもが遊ぶゲームに、制限を設けるべきか」「公園で子どものボール遊びが禁止されるのは、仕方がないか」

① 「死刑制度」

[　　　]

② 「外国人の医療従事者」

[　　　]

③ 「全ての屋内での喫煙禁止」

[　　　]

原稿用紙の使い方

原稿用紙の使い方には、次のようなルールがあります。しっかり守って書きましょう。

- **書き出しと段落の初めは、必ず1マス空ける。改行したら、それは段落替えを意味するので、次の行の初めは、絶対に1マス空けなければいけない。**

  ※最近の高校生には、この基本的な規則を無視する人が意外に多い。これを間違うと、文章を書く力そのものを疑われるので、特に注意。

- **1マスには、原則として1字だけ入れる。小さく書く「ゃ・ゅ・ょ」や「っ」、句読点（「。」「、」）や括弧類にも同様に1マス分を取る。ただし、「……」や「──」は2マス分。**

- **行の最初に、句読点や閉じ括弧を入れない。これらが行の最初にくるときは、前の行の最後のマス目に加える。**

  ※この規則を知らない人が多いので特に注意。句読点を行の最初のマス目に入れるように指導している予備校もあるようだが、某一流私立大学の小論文採点者に尋ねたところ、行の初めのマス目に入れた人は減点しているという答えであった。

例　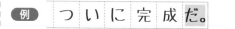

- **「！」や「？」は使わない。使うと、「手紙」や「軽いエッセイ」風になってしまう。**

- **必ず楷書（学校で習った、点や画を省略せずに書く字）でしっかり書く。略字などを使わないように。**

- **数字は縦書きのときは、原則として漢数字を用いる。横書きの場合も普通は漢数字を用いるが、数量を示すときには算用数字でよい。**
  また、横書きで算用数字、アルファベットを書く場合は、1マスに2字入れるのが慣用。

例　

- **段落替えの場合を除いて、マス目を空けてはいけない（「。」や「、」のあとに1マス空けてはいけない）。**

  ※また、「前の行の最後に句点（。）が付いたら、次の行の最初のマス目を空ける」と考えている人がいるが、そんなことをしてはいけない。1マス空けたら、段落替えと見なされる。段落替えをするつもりでなければ、空けてはいけない。

基本練習

答えは別冊2ページ

次の文章は、原稿用紙の書き方にミスがある。正しく書き直そう。

①

| で | あ | る | が | 、 | そ | の | 一 | 方 | で | は |
| 、 | 科 | 学 | 技 | 術 | が | 人 | 間 | の | 自 | 由 |

| | | | | | | | | | | |
| | | | | | | | | | | |

②

| 人 | 間 | の | 精 | 神 | と | は | 何 | か | を | 知っ |
| て | い | る | こ | と | に | な | る | 。 | | |

| | | | | | | | | | | |
| | | | | | | | | | | |

間違った使い方している箇所を、一箇所ずつ探そう。

合格

03 書き言葉

　小論文には、話し言葉や流行語、若者言葉などのくだけた表現を使うべきではありません。新聞に書かれているような正しい書き言葉を使ってください。

　中には、話し言葉と書き言葉の区別がつかない人がいるかもしれません。本や新聞を読み慣れていないと、つい書き言葉だと思って話し言葉などを使ってしまいます。普段から、本や新聞を読んで、書き言葉に慣れておく必要があります。

　特に多くの人が書いてしまいやすい話し言葉などを挙げておきます。

例
- × 誰でも知ってる。
- ○ 誰でも知っている。

※「知ってる」「してる」「読んでる」などは、話し言葉。「知っている」「している」「読んでいる」としなければならない。

例
- × そのような人はいないけど、……
- ○ そのような人はいないが、……

※「けど」「だけど」は、話し言葉。「が」「だが」としなければならない。

例
- × その部屋には本なんてものはない。
- ○ その部屋には本などというものはない。

例
- × この展望台からは、素晴らしい景色が見れる。
- ○ この展望台からは、素晴らしい景色が見られる。

※「見れる」は、ら抜き言葉。「見られる」としなければならない。

例
- × 山田とゆう人。
- ○ 山田という人。

例
- × オレンジみたいな果物があった。
- ○ オレンジのような果物があった。

例
- × 読書とかする人が多い。
- ○ 読書をする人が多い。

例
- × それが実現する可能性はない。なので、私はそれに反対だ。
- ○ それが実現する可能性はない。だから、私は反対だ。

※「なので」は、書き言葉の文頭では使用しない。

例
- × 私はそのようなことはしないべきだと思う。
- ○ 私はそのようなことはすべきではないと思う。

※「〜ないべき」という表現は、現代語ではあまりしない。

基 本 練 習

答えは別冊2ページ

次の文を、書き言葉に改めよう。

① グローバル化の問題点とかについて知ってることなんて、あんまりない。

[
]

② 医学も進化していくので、昔言われてたことなんかに信頼を置かないべきである。

[
]

③ 時代は変化するんだから、新しい文化によって自分のスタイルを変えれるようにすべきだ。

[
]

④ 日本は情報社会である。なので、農業とか工業の時代とは異なった価値観をもつべきである。

[
]

⑤ 時代は変わったけど、そこで暮らす人間は根本的には変わってない。

[
]

04 読点

　日本語の読点「、」の付け方には、はっきりした決まりはありません。ですから、読点の付け方だけで減点されることは、ほとんどないでしょう。

　しかし、読点が多すぎたり少なすぎたりすると、どうしても読みづらくなってしまいます。また、文章を書き慣れていないこと、本を読み慣れていないことをさらけ出してしまうことになります。

　一般的に、次のように読点を打つとわかりやすくなるとされていますので、今のうちに身につけてください。

---

a．主語（主部）が長いときには、主語のあとに付ける

例 ●私がその場に行ってはっきりと目にしたのは、彼女の犯行だった。

---

b．接続語のあとに付ける

例 ●したがって、私はそれに賛成である。

　　●そのような考えがあることは私も承知しているが、賛成することはできない。

---

c．重文で、「……だが」「……なので」などのあとに付ける

例 ●そのような考えがあることは私も十分承知しているが、それに賛成することはできない。

---

d．続けて書くと、別の言葉と誤解されるときに打つ

例 ●ハイドン、モーツァルト、ベートーヴェン、シューベルトは、同じ時代のウィーンに住んでいた。

基本練習

答えは別冊2ページ

次の文①〜④の文には一つ、⑤の文には二つ、読点を打とう。

①

しかし現代社会にはまだ多くの問題点が残されている。

②

過去の状況に戻らないように注意しながらではあるがしっかりと対策を進める必要がある。

③

私たちは新しい方法を身につけたがそれを実行するのは難しい。

④

世界中から苦難を経た末に集まってきた人々の目的となっているのがその部屋に飾られる絨毯(じゅうたん)だった。

⑤

伝染病にすぐにかかるのは体力の衰えた人である場合が多くしっかりした生活習慣を守っている人は健康を守ることが多い。

05 小論文の文体

小論文を書くときには、文体についていくつか注意することがあります。

常体で書く

まず、気をつけてほしいのは、小論文では、

> 敬体（「です・ます」調）ではなく、常体（「だ・である」調）で書く

のが原則だということです。よく、途中から「です・ます」調になってしまうなど、敬体と常体が混在してしまう人がいるので、注意しましょう。

「です」や「ます」の他、「ません」「ましょう」「ました」「でした」などの言い方も敬体なので、使ってはいけません。

「私」を使う

男女を問わず、自称は「私」とするのが原則です。「俺」「僕」などは、ぞんざいな感じがするので、使ってはいけません。また、特に「私」という意味合いで「自分」と書く人が多いので、注意しましょう。とはいえ、「自分の命を大事にするべきだ」というような、英語の「self」に当たるような場合は使っても構いません。

> ○　私
> ×　俺・自分・僕　など

常用漢字はなるべく使う

必ずしも漢字を多用する必要はないのですが、基本的な熟語、つまり中学までに習った常用漢字を使った熟語は、漢字で書くべきです。漢字を忘れたら、できるだけ他の言葉を使いましょう。誤字を書いてしまうと、減点されることがあります。

ただし、漢字を使うべきだからといっても、無理に難しい漢字を使う必要はありません。特に、「その為に」「その事が」「それ故に」などを漢字で書くと、むしろ不自然な印象を与えかねません。こうしたものは、ひらがなで構いません。

基 本 練 習

答えは別冊2ページ

次の敬体の文を、常体に改めなさい。

① それこそが、指導者の役割なのです。

[
]

② 多くの若者が、英語の勉強に時間を費やしてきました。

[
]

③ これまで、高齢者がこれほど増えたことはありませんでした。

[
]

④ 世界中で、いっそうネットワークが広がっていくでしょう。

[
]

⑤ 都市が画一化されたために、住民までも画一化されてしまっているようです。

[
]

06

長すぎる一文を短くする

一文は短く書く

　小論文では、文章の味わいや巧みな詩的表現などよりも、わかりやすさが大事です。そのためには、一文を短くするとよいでしょう。長い文だと、だらだらとしてまとまりのない感じになってしまいます。また、文を長くしすぎると、主語・述語の係り受けがおかしくなって、「今、<u>必要なのは</u>、……することが<u>必要だ</u>」といった類いの文を書いてしまいがちです。

> **POINT**
> **一文はなるべく60字以内にするように心がける。**

　60字を超えたら、一文が長くなりすぎているので、句点（。）を付けて区切るように意識してください。

一文を短く書けるようになるには

　中には、どうしても一文が長くなってしまうという人がいるでしょう。そのような人は、きっと頭に浮かんだことを次々と思いつくままに書いていこうとするのだと思われます。しかし、小論文の場合は、そのように書くべきではありません。一文は短く簡潔にして、次の文で説明を付け加えたり、理由を述べたりして文章を組み立ててこそ、小論文らしくなるのです。

　一文がつい長くなってしまう人は、まずは大まかに短く説明をして、そのあとにだんだんとくわしく書き加えていくように、心がけてみてください。

例

書きたい内容

「現在、世界中で環境破壊が起こっていて、さまざまな対策が行われ、効果を上げていることもあるが、そうでないこともあり、どちらともいえないが、全体的には環境保護は進んでいる」

どう書くか

①先に、「現在、世界中の環境破壊に対して全体的には環境保護は進んでいる」と述べる。

②そのあとに、「世界中で環境破壊が起こっている。それに対してさまざまな対策が行われ、効果を上げていることもあるが、そうでないこともある。どちらともいえない面がある。しかし、全体的には効果を上げているといえる」と述べる。

③さらに具体例を加えると、いっそう説得力が増す。

一文が長くなってしまうという自覚のある人は、このようにして一文を短く書く練習をしましょう。

基本練習

答えは別冊3ページ

　次の文は、一文が長くて読みにくくなっている。文を短く切って、わかりやすい文に書き直そう。

　これから必要なのは、西洋から一方的に学ぶのではなくてたくさんの国と会話をとおして理解し合って対等の立場で互いの文化を学び合うことなので、英語で話をする力が必要だが、会話ばかりに力を入れると、本を読んだり文を書いたりする力が弱まることも考えられるので、いずれの力を養うことが、これからの英語教育では重要視されると思われる。

一文は短く簡潔に書こう！

07 二部構成（頭括型・尾括型）

小論文を書くときには、型を意識すると論理的に書くことができます。まず、最も基本的な型を身につけましょう。

頭括型

頭括型とは、文章の最初にまとめを示す書き方です。200 字前後の短い文章を書くときに用います。最も基本的な型です。おそらく多くの人は、今から説明する型を、特に意識しないまま活用しているでしょう。しかし、しっかりと意識することによってコンスタントに論理的な文章を書くことができます。

> ★第一部……**ズバリと言いたいこと**を書く（最も大事なことを端的にまとめる）。
> ★第二部……**第一部で書いた主張の理由**をまとめる。
> 　　　　　　※第一部で示した主張について、そう思う根拠、その中身のくわしい説明、問題を改善するための対策などを示す。

例　私は死刑を廃止するべきだと考える。

　刑罰は、犯罪を起こさせないようにするのが目的だからである。どんなに凶悪な犯罪者であっても、閉じ込めておきさえすれば、社会で害を起こす恐れはない。そして、それは当人にとって大きな苦痛のはずである。刑罰としてはそれで十分である。それなのに死刑にするということは、国家が自分の国の国民を殺すことなので、許されないことだと考える。

尾括型

尾括型は頭括型と同じように、200 字程度の文章を書く場合に用いますが、頭括型と全く逆で、最後にまとめを示す型です。第一部と第二部が、頭括型とは逆になっていると考えればよいでしょう。

> ★第一部……**主張に至るまでの根拠**などを説明する。
> 　　　　　　※第二部で示す主張の根拠になるような体験や出来事、例、あるいは、それに至るまでの説明などをまとめる。
> ★第二部……**第一部から導かれた結論**（主張）を書く（第一部で示した事柄から得られた結論を示す）。

例　刑罰は、犯罪を起こさせないようにするのが目的である。どんなに凶悪な犯罪者であっても、閉じ込めておきさえすれば、社会で害を起こす恐れはない。そして、それは当人にとって大きな苦痛のはずである。刑罰としてはそれで十分である。それなのに死刑にするということは、国家が自分の国の国民を殺すことなので、許されないことだと考える。

　それゆえ、私は死刑を廃止するべきだと考える。

基本練習

答えは別冊3ページ

あなたは、日本中のレストランやホテルなどの公共の場を喫煙禁止にすることについて、賛成か、反対か。頭括型、尾括型をそれぞれ用いて、200字程度であなたの意見を示そう。

① 頭括型

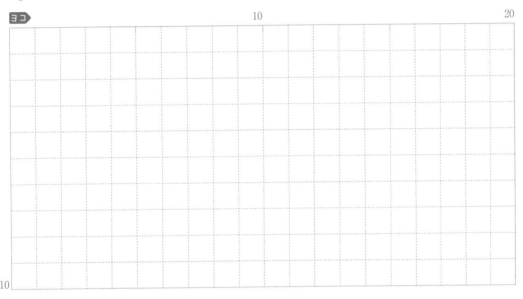

② 尾括型

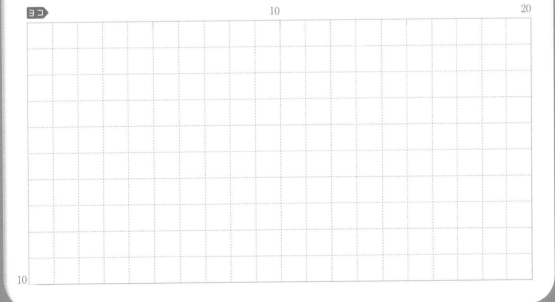

08 小論文の四部構成

300字以上の小論文を書くときには、次の四部構成の型を用います。この型は、それぞれの部分を一つの段落で書きます。ほとんどの小論文問題は、この型を用いて書くことができます。

★第一部 「問題提起」

設問の問題点を整理して、イエスかノーかを問う問題提起をする。全体の10%前後が好ましい。課題文がある問題の場合は、ここで、課題文の主張がどういうことかを示して、それが正しいかどうかを問題提起するのが原則。

★第二部 「意見提示」

イエス・ノーのどちらの立場を取るかをはっきりさせて、背景となる事柄の状況を整理して伝える。全体の30%前後にする。

「確かに……。しかし（だが）……。」という書き出しにすると書きやすい。

たとえば、「英語教育を会話中心にすべきか」という問いに対して、「すべきだ」という方向で書きたければ、

> 確かに、文法や読み取りも大事だ。なぜなら……。しかし、会話こそが重要だ。

というように書く。反対意見を踏まえたうえで、自分の意見を提示することで、視野の広さをアピールすると同時に、字数を稼ぐ。

※ただし、ここで書きすぎないように注意。書きすぎると、第三部の展開で書くことがなくなってしまう。小論文の一番の山場は展開の部分にすべきであって、この意見提示の部分の「しかし」のあとは、自分の意見を提示する程度でよい。大事なことは次の段落（展開部）に書く。

★第三部 「展開」

ここが小論文のクライマックス。第二部で定めた方向で、自分の意見の根拠を示す。なお、ここで「こちらのほうが便利だ」「こちらのほうが私にとって得だ」という方向ではなく、社会にとって、これからの日本にとってプラスになるかどうかという方向で考える必要がある。この部分は、全体の40〜50%ほどを占めるようにする。

★第四部 「結論」

もう一度全体を整理し、イエスかノーかをはっきり述べる。努力目標や、余韻をもたせるような締めの文などは不要。イエスかノーか、もう一度的確にまとめればよい。全体の10%以下でよい。

基本練習

答えは別冊4ページ

次の四部構成の文章を読んで、あとの問いに答えよう。

　死刑制度について議論がなされている。先進国のほとんどでは、死刑制度が廃止されているといわれる。では、日本でも死刑を廃止すべきなのだろうか。

　確かに、殺人事件の被害者の家族や友人にとって犯人は許し難く、その罪は死に値すると思うことだろう。大切な人を殺された怒りや悲痛など、その心情は察するに余りある。もし、犯人の刑罰が何らかの事情で軽くされたりした場合など、加害者の人権ばかりを尊重して、多大なる苦しみを被った被害者の人権は考慮されていないことになり、一方的すぎる。苦しんでいる被害者がいるのなら、その救済を第一に考えなければならない。だが、法は人を裁くためのものではない。たとえ、どれほど社会の害になる人間であれ、人権を無視することはできない。感情論を退け、理性によって全ての人の権利を認めるというのが法の精神だと思うからだ。

　法とは国民の総意に基づいて、全ての人間の権利を保障する体系だと私は考える。権利と権利の間で衝突が起こったときには、何らかの手段で調停を図るにせよ、権利を無視することはあってはならない。たとえ少数者であろうと、たった一人であろうと、そして、その一人の権利が他の国民の大多数の権利と矛盾するものであろうと、無視し、踏みにじることは認められない。より多数の人間の幸福のために、少数の人間が犠牲になることも、時にはあるかもしれないが、少数者の権利に制限を加えることはあっても、踏みにじることは許されない。それが法なのだ。そうであるからには、法によって人間の命を奪うことは許されないと私は考える。死刑制度は、法という、そして国家という、人間の幸福と人間の権利を保障する体系による殺人だと思うのである。

　以上の理由により、私は死刑制度存続には反対である。

① 第一部で、問題提起をしている一文に――線を引こう。

② 第二部で、「確かに」から始まる文と「しかし（だが）」から始まる文に、――線を引こう。

③ 第三部で「それが法なのだ」と述べているが、この文章の筆者は、法をどのようなものだと考えているか。それがくわしく説明された部分の、初めと終わりの五字を答えよう。（句読点も一字に含める。）

初め ☐☐☐☐☐

終わり ☐☐☐☐☐

09 第一部　問題提起

　小論文を書くとき、書き出しがうまくいかずに時間がかかってしまうことがあります。しかし、小論文では、書き出しに凝る必要はありません。いつも同じパターンで書いてもよいのです。次の書き方をマスターしてください。

◎客観的事実で始める

　「最近……が話題になっている」「テレビのニュースなどで、……といわれるのを耳にする」というような客観的な事実で始める書き方です。

> **例**　しばらく前から夫婦別姓が議論されている。現在は、夫婦は同姓が義務付けられているが、社会で活躍する女性が増えるにしたがって、夫婦同姓であることに不便を感じる女性が増えてきたのが原因である。では、夫婦別姓を認めるべきだろうか。

◎結論で始める

　「私は、……に賛成である」というように、初めに結論を述べることで、問題提起にする書き方です。特に、イエス・ノーを問うような問題提起の文にしにくい場合には、この形をとるとうまくいきます。

> **例**　夫婦別姓が議論されているが、私は夫婦別姓に反対である。

　なお、課題文があって、それについての意見が求められるような場合には、初めに課題文の内容を簡単にまとめて、そのうえで、「この主張は正しいだろうか」などの問題提起をするのが正攻法の書き方です（これについては第5章54「課題文がある場合の小論文の書き方」でくわしく説明します）。また、大学によっては、第一段落に書く事柄を指示されていることがあります。そのような場合には、指示に従う必要があります。

　しかし、いずれの場合も、このページで説明した書き方が基本ですので、しっかりと身につけてください。

基本練習

答えは別冊 4 ページ

　次のような問題提起をして四部構成の小論文を書こうと考えている。第一段落を 150 字程度で書いてみよう。

① 家庭ごみを有料化するべきか

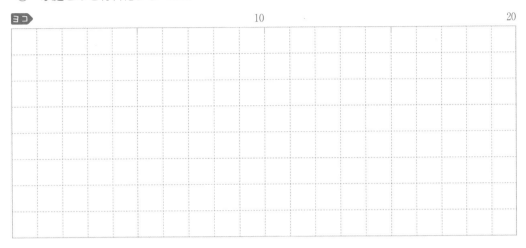

② 若者の使う日本語は乱れているか

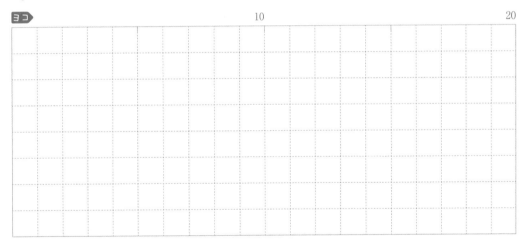

10 第二部　意見提示

　P.024 で説明したように、第二部「意見提示」は、「確かに……」で始めて自分の主張とは反対の意見の理由を述べ、「しかし（だが）……」で切り返して、自分の考えを述べる形にします。こうして反対意見も取り上げることによって、視野が広がり、一方的な論にならずに済むのです。

　この部分では、次の点に注意します。

◎第一部「問題提起」とかみ合わせる

　最も注意すべきなのは、第一部「問題提起」と「確かに……」のあと、「しかし（だが）……」のあとを、かみ合わせることです。「Aだろうか」という問題提起をしたとすれば、「確かに、Aの面もある。しかし、私はAに反対だ」、または、「確かに、Aではない面もある。しかし、私はAだと考える」というパターンにします。問題提起をしっかりとかみ合わせないと、内容が途中でずれてしまいます。

◎きちんと説明をする

　「確かに」のあとに、反対意見の理由を書くわけですが、理由はきちんと説明する必要があります。理由を説明しないままにしてしまうと、読んでいる人を説得させることができません。そして、それ以上に、字数が不足してしまい、第三段落を書くのに苦労してしまいます。「確かに死刑制度にもやむを得ない面がある。例えば……」というように具体例を示すなどして、理由を説明する必要があります。

◎説得力のありすぎる反対意見は出さない

　反対意見の理由の説明は必要ですが、「確かに……」のあとの内容に説得力がありすぎると、「しかし……」のあとで述べる自分の意見の論拠が弱まってしまいます。また、書いているうちに、反対意見のほうがもっともだと思えてきたりして、途中で考えを変えてしまう人も時々いますが、意見を変えるのなら、始めから書き直す必要があります。

◎意見の理由を書きすぎない

　意見提示で失敗する典型例は、ここで意見の理由を書きすぎて、このあとの第三部「展開」で書くことがなくなってしまうケースです。いちばん主張したいことは、このあとの展開の部分でたっぷり書くべきで、ここではあまり書きすぎないように、出し惜しみして書くことが原則だと覚えておいてください。「しかし」のあとは、問題提起に答える程度にしておいて、次の展開で本格的に論じるつもりでいましょう。

大事な
ところだね！

基本練習

答えは別冊5ページ

　次の文章は、第一部で「ペットを飼うのはよいことか」という問題提起をした小論文の第二部「意見提示」の部分である。いずれも欠点があるので、それを指摘しよう。

①　確かに、ペットを飼うのには悪いこともある。ペットに飽きたり、住環境の変化のために飼えなくなったりすると、命あるペットをまるでモノのように捨てるのである。そのために、住宅地に野良犬や野良猫が増えたり、危険な動物がすみついたりするようになって住民を脅かすことがある。だが、それなのに、現在、ペットを飼う人はどんどんと増えているのである。

②　確かに、ペットを飼うと何かをかわいがる心が養われる。それは特に子どもにとって、よいことである。愛情を注ぐことによって人生も豊かになるのだ。しかし、子どもはすぐに飽きてしまうこともある。そうなると、何らかの形でペットを処分しなければならない状況にもなり得る。だが、ペットを飼うことに利点のほうが多いと私は考える。

③　確かに、ペットを飼うことで害になることがある。ペットが病原菌を運ぶのである。だが、ペットを飼うのはよいことだ。子どもたちや若者は死を知らない。死をまるでゲームの中のことのように考えている。だから、生と死を軽く考える。だが、ペットを飼うことによって、人々は死の厳粛さを知る。

第三部　展開

　第三部「展開」では、第二部「意見提示」で示した自分の意見の理由を説明します。この部分に説得力があると、よい小論文になります。

　この部分を書くときには、次のことに注意しましょう。

◎根拠を必ず書く

　展開部は基本的に、根拠を書く部分です。第二部「意見提示」で、自分の意見を示したはずです。ですから、そのあとここで、なぜそう考えるのかを説明するのです。

　しばしば、根拠以外のことを中心に書く人がいます。「もし、……ならよい」というような条件を書く人や、「そうするためには、このような方法がある」などの対策を書く人もいます。もし、字数が足りない場合にはそれらを書くのもよいでしょう。

　しかし、その前に、状況や対策ではなく、自分の意見の根拠を示す必要があります。たとえば、死刑制度を廃止するべきだと主張したければ、なぜそう考えるか、ペットを飼うのはよくないと考えるのなら、なぜそう考えるかを書きます。それが最も大事なことです。

◎羅列をしない

　焦点を絞りきれないで、次々といくつもの自分の主張の理由を並べるケースが見られます。いくつものことを思いつくのはよいのですが、たくさん書いてもそれぞれについてきちんと説明されていなければ、説得力がありません。展開の部分で書く内容は、できれば一つ、多くても二つくらいに絞って、それについてきちんと説明するほうが説得力が生まれます。

◎論を深める

　自分にとって「得か損か」や「楽しいか楽しくないか」などではなく、どうすることがこれからの日本社会や世界にとって好ましいのかという視点を交えて書きます。そのためには、政治経済の授業で習ったり、新聞で読んだりした社会問題と関連づけて書くとよいでしょう。

次の文章は、「電車やバスの中で化粧をするのはルール違反か」について書かれた小論文の第三部「展開」である。いずれも欠点があるので、それを指摘しよう。

① 社会にはルールが必要である。ルールを守ることができてこそ、社会で生きていくことができる。その中でも、電車やバスの中でのルールは大事だ。化粧をしている人を見ると、誰もがいらいらする。私も、先日、まるで周りに誰もいないかのように化粧をしている若い女性を見かけた。恥ずかしいことをしている意識が全くない様子だった。

② 電車の中の化粧は、公共の場の秩序を乱す。公共の場では、ルールを守るほうがよい。また、化粧というのは、人に隠れてするものである。化粧を使って「化けて」いるところを人に見せたのでは化粧の意味がない。電車の中で化粧をするということは、自分本位に行動し、他者のことを考えないということである。

③ 電車やバスの中で化粧をする人は、きっと時間がなくてやむを得ずしているのだろう。しかし、時間を有効に使うためには、もっと別の方法があるはずである。少し朝早く起きて、家事や外出するための準備をてきぱきとこなせば、化粧を家で済ませることくらい簡単にできるはずである。

12 第四部　結論

　四部構成の文章の最後である第四部「結論」では、問題提起に対するイエス・ノーをもう一度はっきり述べる必要があります。また、分量は全体の10%以下にして、多く書きすぎないことも忘れないようにしましょう。

◎結論は簡潔にまとめる

　結論では、余計なことはいっさい書かず、ただ問題提起に対してしっかりと答える形でイエスかノーかをまとめるのが基本です。「以上述べたとおり、……であると考える」のような文章でよいのです。それ以上のことを加える必要はありません。

◎小論文の終わりに書いてはいけないこと

　文章の最後に、「これから私もこのようなことができるように心がけていきたい」「初めてこの問題について考えたが、これからも考えていきたい」というような努力目標を付け加えるべきではありません。これらは作文の締めくくり方であって、小論文の結論ではないのです。

　また、時には、「このようにするために、私たちはどのように生きていけばよいのだろうか」などと疑問を投げかける小論文を見かけることがありますが、これも厳禁です。書いた人は、きっと余韻のある終わりにしたかったのでしょう。しかし、小論文で疑問を投げかけた場合には、それについてきちんと説明して結論を出すのが原則なのです。疑問文で締めくくってしまっては、せっかくそれまで論じてきたことを台無しにして、振り出しに戻してしまいます。余計なことを書かないように気をつけましょう。

　どうしても、指定字数よりもずっと短く終わりそうなときには、もう一度、これまで書いてきたことをまとめて結論代わりにすることもできます。しかし、それは無理やりの字数稼ぎでしかありません。結論の部分では、第一部の問題提起に対して、端的に答えて論を完結させるのが基本です。

次のテーマの、小論文の第四部「結論」の部分のみを書いてみよう。

① 家庭ごみを有料化するべきか　（有料化すべきだという立場で）

② 若者の使う日本語は乱れているか　（乱れていないという立場で）

簡潔に
まとめてみよう！

合格

13 四部構成の全体バランス

これまで学んだことを思い出しながら、実戦問題に取りかかりたいと思います。

次の問題に取り組んでください。解答は、右のページの原稿用紙に書きましょう。

〔設　問〕　学校での組み体操禁止の是非について、400～500字で意見をまとめよう。

ヒント

まず、組み体操について、どんなことが問題になっているか考えてみましょう。

「組み体操は危険だ」「組み体操を禁止にすべきだ」などといわれているのを思い出すはずです。しかし、それだけではまだ小論文になるほどの材料はありません。

「禁止すべきだ」とする根拠にどんなものがあるでしょうか。なぜ危険なのか、組み体操によって児童・生徒にどのような悪影響があるのか、という視点で考えると、

「組み体操をすると、いっそう派手にしようとしてエスカレートしてしまう」「危険を避けるには、全面禁止にするほうがよい」「児童・生徒によって身体能力に差があり、組み体操をするのはそもそも無理がある」「連帯意識、団結の押しつけになり、その結果、失敗した子がいじめにあう恐れがある」

などといったことが根拠として出てくるでしょう。

また、反対に、「組み体操を禁止すべきではない」とする根拠も考えてみましょう。そうすると、

「しっかりと教員が指導することによって、健全な運動になる」「組み体操によって団結するようになり、連帯感を養うことができる」「自分の責任を果たすことの大事さを実感できる」

などの根拠を思いつくはずです。

それを全体のバランスを考えながら、これまで学んできた構成にしたがって書きます。

P.024でも説明しましたが、第一段落を全体の10%程度、第二段落は30%程度、第三段落は40～50%、第四段落は5～10%程度にまとめるとうまくいきます。

今回は、400～500字で書きますので、第一段落は50字程度、第二段落は150字程度、第三段落は200～250字程度で書きましょう。原稿用紙にどのくらい書くのが理想なのか印をつけておいて、それを目安にするとよいでしょう。

基本練習

答えは別冊6ページ

左ページに挙げたテーマで、400〜500字で自分の意見を書いてみよう。

志望理由書とは／第一部　志望理由

志望理由書とは

　志望理由書とは、文字どおりその大学を志望する理由を述べる文書のことです。志望理由書を書くときは、次の二つのことを心がけてください。

> ● 「大学に行きたい理由」（志望理由）をはっきり伝える
> ● やる気と真面目さが感じられるようにまとめる

　志望理由書の基本の構成は、次のとおりです。この四部構成でまとめましょう。

> 第一部　志望理由（ズバリと書く）
> 第二部　その志望理由をもつようになったきっかけ
> 第三部　志望理由の社会的意義／具体的ビジョン
> 第四部　まとめ（大学の魅力）

第一部　志望理由

　最初に、志望大学・学部に行きたい理由を単刀直入にはっきり示します。将来の職業的な目標、または、大学で学びたい内容を簡潔にまとめます。あれこれ書かず、一つをズバリと伝えます。

例　私は将来弁護士になりたいので、○○大学法学部を志望する。

例　私は大学で発達心理学を学びたい。それが○○大学教育心理学を志望する理由だ。

　志望理由が二つ以上ある人もいるでしょう。その場合でも、冒頭に書く志望理由は一つに絞ることをお勧めします。

　また、志望理由が、目指す学部に直結させにくいものであるケースもあります。その場合は両者を結びつける橋渡しとなる文を入れます。次の例の波線部に注目！

例　私は将来、旅行会社に就職し、訪日外国人観光客のための旅のプランを企画したい。そのためには、日本各地の歴史と文化を学ぶことが重要だ。だから、○○大学人間文化学部歴史文化学科で学びたい。

　将来やりたいこと、大学で学びたいことがはっきりしている人は、志望理由をもっとくわしく書きたくなるかもしれません。しかし、第一部ではその思いをぐっとこらえ、短くまとめます。長くてもせいぜい3行ぐらいと心得てください。くわしく書くのは第三部まで取っておきます。

基本練習

答えは別冊6ページ

次の文章は、志望理由書の第一部の悪い例である。どこが悪いかを指摘しよう。

① 私は将来、弁護士になりたいと思っているが、いろいろと迷うこともある。最近は弁護士の数が増えて資格を取ってもあまり儲からないと父に言われた。また、法科大学院まで行くとそれだけ学費がかかってしまう。そのようなことを考えると、本当に将来の目標が弁護士になることでよいのか悩んでしまうが、在学中に本格的に進路を決めるとして、とりあえずは弁護士を目指すという理由で貴学法学部を志望することにした。

② 私は心理学全般に興味がある。発達心理学、社会心理学、精神分析学、認知心理学などのいろいろな心理学を、○○大学心理学部で学びたい。

③ 私は将来、旅行会社に就職したいので、○○大学人間文化学部歴史文化学科で学びたい。

15 第二部 きっかけ

　第一部で志望理由をまとめたら、次に、その志望理由をもつに至ったきっかけを書きます。きっかけとなった個人的体験をまとめます。

　体験談を書く場合は、長くなりすぎないように注意します。思い出に引きずられて、だらだらと書かないようにしましょう。あらかじめ書く分量を決めておくと、無駄なくまとめられます。

　単に体験談を書くだけではいけません。その体験から何を思って、志望理由をもつに至ったかを説明します。次の例の波線部に注目！

例1　私は高校3年生の夏休みに、初めて裁判の傍聴をした。私が傍聴した裁判の被告人は、車上荒らしの罪を犯した20歳になったばかりの男性だった。検事は被告人の常習癖や生活の乱れ、粗暴な性格などを責め、実刑判決を訴えていた。だが、弁護士は、被告人の被害者に対する謝罪の気持ちを主張して執行猶予判決を訴えていた。被告人の謝罪の気持ちとして、被害者への謝罪文、損害賠償計画の報告が提示された。さらに被害者からの被告人の罪を許す手紙も示された。結果として、その被告人には執行猶予3年の判決が下された。私は、この弁護士が実践したように、加害者から被害者に対する謝罪の気持ちを引き出したうえで、加害者を将来の更生の道に導くことのできる弁護士になりたいと思った。

　きっかけがいくつもある人もいるでしょう。全体の長さにもよりますが、できれば一つに絞り、それを深く掘り下げるのがベストです。複数書く場合でも、せいぜい二つから三つに絞りましょう。

　個人的体験以外にも、人との出会い、一冊の本、映像、講演などが志望理由をもつに至ったきっかけである場合もあるでしょう。一冊の本をきっかけとした場合の例文を紹介します。単に本の内容を紹介するだけに終わらず、その本から何を考えて、志望理由をもつに至ったのかを書くことが大切です。次の例の波線部に注目！

例2　発達心理学を学びたいと思ったのは、『日本の子どもの自尊感情はなぜ低いのか』（古荘純一・光文社新書）に出合ったことがきっかけだ。私は、父の仕事の関係で小学5、6年生の2年間を海外で過ごした。中学入学のときに帰国したが、クラスの友人たちがとても大人しく思えた。皆が周囲に気を配りながら学校生活を送っているように思えてならなかった。高校2年生のときに、たまたまこの本に出合い、私が中学時代に感じていた日本の中学生の元気のなさは、自尊感情の低さの表れであり、海外から帰国した私だからこそ、その特徴を強く感じ取ったのだと理解した。私は、日本の子どもがいつ、何をきっかけに自尊感情を低下させるのかを考察するために、発達心理学を学びたいと考えた。

基本練習

答えは別冊7ページ

　次の文章は、志望理由書の第二部「きっかけ」の悪い例である。どこが悪いかを指摘しよう。

　私は高校3年生の夏休みに、初めて裁判の傍聴をした。私が傍聴した裁判の被告人は車上荒らしの罪を犯した20歳になったばかりの男性だった。身長は180センチメートルぐらいの大柄で、髪はぼさぼさで無精ひげを生やしていた。どこかで見たことのあるような気がしたので、思い出してみると、中学のときの学年が一つ上の先輩で、バスケットボール部にいた人にそっくりだった。この被告人が入廷して何より驚いたのは、手錠に加え、腰縄を付けられていることだった。逃げ出したり、暴れたりしないためなのだとは思うが、まるで獣のように扱われている気がしてショックだった。被告人には婚約者がいるようで、弁護士のすぐ後ろで傍聴していた。婚約者は、ピンク色のヨットパーカーにジーンズというカジュアルな服装だった。髪はセミロングで毛先を茶色く染めていた。弁護士の説明によると、この婚約者は薬局の販売員をしているらしい。検事は被告人の常習癖や生活の乱れ、粗暴な性格などを責め、実刑判決を訴えていた。結果として、その被告人には執行猶予3年の判決が下された。私は、この弁護士が実践したように、加害者から被害者に対する謝罪の気持ちを引き出したうえで、加害者を将来の更生の道に導くことのできる弁護士になりたいと思った。

[ ]

どこがよくないのか考えてみよう！

第三部　社会的意義／具体的ビジョン

　第一部、第二部まで書き終えたら、今度は第三部として、志望理由の社会的意義または具体的ビジョンを書きます。将来の職業的な目標を志望理由とした場合は、次のどちらかを書きます。

> ・**社会的意義…目指す職業や成し遂げたい仕事は、社会においてどんな意義があるのか**➡ 例1
> ・**具体的ビジョン…目指す職業に就き、やりたい仕事に取り組んで、何を実現したいのか**➡ 例2

　社会的意義や具体的ビジョンを書く場合に、調べた情報を書くのは結構です。ただし、第一部、第二部と全く関連性のない情報を並べただけでは唐突な印象を与えるだけで、説得力がありません。第一部、第二部とのつながりを意識しながらまとめましょう。次の例の波線部に注目！

例1　日本の刑事司法は、公の秩序を守るためにある。したがって、法が犯罪加害者を裁くのは国、社会のためであって、被害者および被害者の家族や遺族のためではない。そのため、日本では犯罪被害者の権利は十分に守られていないといえる。犯罪被害者は、精神的苦痛や社会からの偏見を受け、大変痛ましい状況にある。公の秩序を守るためには、加害者が更生して社会復帰することが大切だが、社会生活をまともに送るためには、他者への思いやりが不可欠である。その思いやりを加害者が最初に示すべき存在は、被害者および被害者の家族や遺族でなくてはいけない。私は弁護士になったら、加害者にそのことを教育しながら、彼らの社会復帰への道を切り開く弁護活動を展開したいと考える。

例2　日本を訪れる外国人観光客は、年々増加している。観光客増加による、国内経済への波及効果は大きい。したがって、外国人観光客の数をさらに増やすことは社会的な課題である。私は、リピーターを増やすための観光対策が有効であると考える。同じ外国人旅行者に日本に何度も訪れてもらうためには、体験型文化観光を中心に据えたプランをもっと用意すべきだろう。私は、外国人観光客に日本の魅力を知ってもらうための体験型文化観光を開発し、何度も利用してもらえる旅のプランを企画したい。

　大学で学びたい内容を志望理由とした場合は、次のどちらかを書きます。

> ・**社会的意義…学びたいことは、社会にとってどのような意義があるのか**
> ・**具体的ビジョン…具体的に、どのような計画で研究を進めていきたいのか**➡ 例3

　学びたい内容について具体的ビジョンを書く場合には、仮説を示して、そのことを確かめるためにどのような観点から研究・調査をしていくのかをまとめるとよいでしょう。次の例の波線部に注目！

例3　自尊感情の低下には、日本の学校教育の在り方が影響していると考える。日本の学校と海外の学校の教育環境の違いを比較しながら、子どもの心に与える影響を考えたい。また、戦前、戦後から高度成長期、詰め込み教育時代、ゆとり教育時代とそれぞれの時代の教育環境を比較しながら、歴史的観点からも考察を深めたい。

基本練習

答えは別冊7ページ

　次の文章は、志望理由書の第三部「社会的意義／具体的ビジョン」の悪い例である（②については□□□部分が第三部）。どこが悪いかを指摘しよう。

① 「法は、社会の在り方とその方向性を決めていくものです。社会のあらゆる場面に法律が関わる問題が存在し、その分析の学問として法学が貢献しています。」と貴学パンフレットの法学部紹介ページにあった。私も法学の社会的意義について、同じように考える。だからこそ、貴学法学部でぜひとも学びたい。

[ ]

② 　私は将来、旅行会社に就職し、訪日外国人観光客のための旅のプランを企画したい。そのためには、日本各地の歴史と文化を学ぶことが重要だ。だから、〇〇大学人間文化学部歴史文化学科で学びたい。

　高校1年生の春休みに、母と二人で沖縄を旅行した。そのときにお世話になった方がとても親切で、私たち親子の要望に快く応えてくれた。母と沖縄を訪れるのは三度目だったので、単なる名所めぐりでなく、地元の人たちと交流できる旅行をしたかった。そこで、ミンサー織りの工房を営む方に掛け合い、特別に半日のミンサー織り体験教室を開いてもらった。ミンサー織りの模様づくりは奥が深いため、大学受験が終わったら再度訪れて、今度はじっくり取り組みたいと思った。さらに、私自身も日本文化を楽しむ体験ツアーを企画して、海外の人々に日本の面白さを、身をもって知ってほしいと思った。

> 　日本を訪れる外国人観光客は、年々増加している。観光客増加による、国内経済への波及効果は大きい。したがって、外国人観光客の数をさらに増やすことは社会的な課題である。しかし、問題は宿泊施設の不足だ。このままでは、今以上の外国人観光客を受け入れることができなくなる。民泊などを含め、急ピッチで宿泊場所を確保しなくてはいけない。私が旅行会社に勤めたら、この点に力を注ぎ、一人でも多くの外国人観光客に安心して日本を旅行してもらえるように努力したい。

[ ]

17 第四部 まとめ（大学の魅力）

　第一部から第三部まで書き終えたら、第四部で全体をまとめて、もう一度志望理由を示します。その際に、「志望大学ならではの魅力」に触れ、その大学・学部に対する志望の熱意も同時に示します。

　「志望大学ならではの魅力」を探るには、大学のパンフレットやホームページを参考にしてください。探し当てた情報をただ書き写すだけでなく、第一部から第三部までに書いてきたこと、特に第三部の内容と関連づけながらまとめてください。

特定の先生の名前を出す

例1 貴学法学部には、人権問題にくわしい○○教授がいらっしゃる。また、貴学法科大学院は、社会的弱者救済を目的としている。貴学で学ぶことが、将来、加害者および被害者の人権を守ることのできる弁護活動につながると考えた。以上が○○大学法学部志望の理由である。

　例1 では、大学の魅力として関心のある分野を専門に研究する先生がいることを挙げています。大学の教授など個人の名前を挙げる場合には、その方がどんな授業を担当しているのか、どんな研究業績を残しているのか、パンフレットやホームページでどんなコメントをしているのかなどをチェックしましょう。また、くれぐれも氏名の漢字を間違えないように注意してください。

その大学で学べる内容を挙げる

例2 貴学人間文化学部歴史文化学科では、発掘調査、民俗調査、被災文化財の修復などのたくさんの体験型授業が開講されている。また、人間文化学部共通の副専攻制度で、ツーリズム・ホスピタリティの講義が受けられるなど、私の将来の夢に向かって学べる環境が整っている。以上の理由から、私は貴学人間文化学部歴史文化学科に進学したい。

　例2 では、その大学で学べる内容を魅力に挙げています。最も多いパターンでしょう。パンフレットなどの学科の概要、講義内容の説明などから、志望理由と関連のある内容をピックアップします。

その大学の学部・学科に注目する

例3 貴学教育人間科学部には、心理学科と教育学科の二学科があるため、教育学と心理学の両学問から多くを学べる環境が整っている。私が学びたい発達心理学では、心理学のみならず教育分野の知見を広げることは重要だ。そのことから、貴学こそが私にとって最高の学びの場であると確信した。以上の理由で、貴学教育人間科学部心理学科に進学したい。

　例3 では、学部・学科の体制に目をつけて、魅力として言及しています。このように、大学の魅力を独自の視点で導き出して伝えられるとポイントは高いでしょう。

　このほか、大学の設備、教員のメッセージ、在学生・卒業生のメッセージ、就職状況などが、大学のパンフレットやホームページから見つけられる魅力です。

※「学食のカレーライスがおいしかった」「校舎がおしゃれである」「駅から近い」などの魅力は、志望理由書に書くべき内容ではありませんので、注意しましょう。

基本練習

答えは別冊7ページ

次の文章は、志望理由書の第四部の悪い例である。どこが悪いかを指摘しよう。

① 　私の好きなバンドのボーカルである○○が、貴学芸術学部を卒業している。そのため、貴学には親しみを感じる。学部もキャンパスも○○とは異なるが、ぜひ貴学法学部に進学したい。

[　　　　　　　　　　　　　　　　　　　　　　　　　　　　　　　　　　]

② 　貴学のオープンキャンパスに行き、最も印象に残っているのは、学食で食べたジャージャー麺だ。学食の方が「受験生は大盛りね」と言って、ピリ辛でジューシーな肉味噌をたっぷり入れてくれた。あのジャージャー麺をまた食べたいというのが、貴学を志望するもう一つの理由である。

[　　　　　　　　　　　　　　　　　　　　　　　　　　　　　　　　　　]

③ 　貴学のホームページの国際学部紹介のページに「人材養成目的」が次のように紹介されていた。
　国際学部の人材養成目的は、本学の建学の精神および○○大学の人材養成目的に基づき、「国際的な政治・社会の仕組みや国際文化について理解し、国際文化交流・社会活動の方法を身につけ、比較の視点や異文化への豊かな感性をそなえて、国際的な関係を有する内外の場で活躍できる人材を育成する」ことである。(※)　　(※)共立女子大学ホームページ(令和6年3月現在)より引用。
　こちらを読み、私はますます貴学国際学科に進学したい気持ちが高まった。

[　　　　　　　　　　　　　　　　　　　　　　　　　　　　　　　　　　]

④ 　私の通う高校のレベルからすると、本当はもう少しランクの高い大学をねらいたかったが、推薦入試で年内に進路を決められることを考えると貴学は最善の選択である。以上が志望理由である。

[　　　　　　　　　　　　　　　　　　　　　　　　　　　　　　　　　　]

第2章　志望理由書トレーニング
志望理由書の例

基本の書き方を、ここでもう一度復習します。次の四部構成でまとめます。

> **第一部** 志望理由（ズバリと書く）　⇒　**第二部** その志望理由をもつようになったきっかけ　⇒
> **第三部** 社会的意義／具体的ビジョン　⇒　**第四部** まとめ（大学の魅力）

　この四部構成で書かれた志望理由書の例を、三つ紹介します。まずは読んで、眺めて、各部の分量をどの程度にすればよいかをおさえてください。

例1

第一部　私は、将来弁護士になりたい。それが○○大学法学部に進学したい理由である。

第二部　私は高校3年生の夏休みに、初めて裁判の傍聴をした。私が傍聴した裁判の被告人は、車上荒らしの罪を犯した20歳になったばかりの男性だった。検事は被告人の常習癖や生活の乱れ、粗暴な性格などを責め、実刑判決を訴えていた。だが、弁護士は、被告人の被害者に対する謝罪の気持ちを主張して執行猶予判決を訴えていた。被告人の謝罪の気持ちとして、被害者への謝罪文、損害賠償計画の報告が提示された。さらに被害者から被告人の罪を許す手紙も示された。結果として、その被告人には執行猶予3年の判決が下された。私は、この弁護士が実践したように、加害者から被害者に対する謝罪の気持ちを引き出したうえで、加害者を将来の更生の道に導くことのできる弁護士になりたいと思った。

第三部　日本の刑事司法は、公の秩序を守るためにある。したがって、法が犯罪加害者を裁くのは国、社会のためであって、被害者および被害者の家族や遺族のためではない。そのため、日本では犯罪被害者の権利は十分に守られていないといえる。犯罪被害者は、精神的苦痛や社会からの偏見を受け、大変痛ましい状況にある。公の秩序を守るためには、加害者が更生して社会復帰することが大切だが、社会生活をまともに送るためには、他者への思いやりが不可欠である。その思いやりを加害者が最初に示すべき存在は、被害者および被害者の家族や遺族でなくてはいけない。私は弁護士になったら、加害者にそのことを教育しながら、彼らの社会復帰への道を切り開く弁護活動を展開したいと考える。

第四部　貴学法学部には、人権問題にくわしい○○教授がいらっしゃる。また、貴学法科大学院は、社会的弱者救済を目的としている。貴学で学ぶことが、将来、加害者および被害者の人権を守ることのできる弁護活動につながると考えた。以上が○○大学法学部志望の理由である。

例2

第一部　私は将来、旅行会社に就職し、訪日外国人観光客のための旅のプランを企画したい。そのためには、日本各地の歴史と文化を学ぶことは重要だ。だから、○○大学人間文化学部歴史文化学科で学びたい。

第二部　高校1年生の春休みに、母と二人で沖縄を旅行した。そのときにお世話になった方がとても親切で、私たち親子の要望に快く応えてくれた。母と沖縄を訪れるのは三度目だったので、単なる名所めぐりでなく、地元の人たちと交流できる旅行をしたかった。そこで、ミンサー織りの工房を営む方に掛け合い、特別に半日のミンサー織り体験教室を開いてもらった。ミンサー織りの模様づくりは奥が深いため、大学受験が終わったら再度訪れて、今度はじっくり取り組みたいと思った。さらに、私自身も日本文化を楽しむ体験ツアーを企画して、海外の人々に日本の面白さを、身をもって知ってほしいと思った。

第三部　日本を訪れる外国人観光客は、年々増加している。観光客増加による、国内経済への波及効果は大きい。したがって、外国人観光客の数をさらに増やすことは社会的な課題である。私は、リピーターを増やすための観光対策が有効であると考える。同じ外国人旅行者に日本に何度も訪れてもらうためには、体験型文化観光を中心に捉えたプランをもっと用意すべきだろう。私は、外国人観光客に日本の魅力を知ってもらうための体験型文化観光を開発し、何度も

第四部 利用してもらえる旅のプランを企画したい。

　貴学人間文化学部歴史文化学科では、発掘調査、民俗調査、被災文化財の修復などのたくさんの体験型授業が開講されている。また、人間文化学部共通の副専攻制度で、ツーリズム・ホスピタリティの講義が受けられるなど、私の将来の夢に向かって学べる環境が整っている。以上の理由から、私は貴学人間文化学部歴史文化学科に進学したい。

例3

第一部 　私は発達心理学を学びたいので、〇〇大学教育人間科学部心理学科を志望する。

第二部 　発達心理学を学びたいと思ったのは、『日本の子どもの自尊感情はなぜ低いのか』（古荘純一・光文社新書）という本に出合ったことがきっかけだ。私は、父の仕事の関係で小学5、6年生の2年間を海外で過ごした。中学入学のときに帰国したが、クラスの友人たちがとても大人しく思えた。皆が周囲に気を配りながら学校生活を送っているように思えてならなかった。高校2年生のときにたまたまこの本に出合い、中学時代に私が感じていた日本の中学生の元気のなさは、自尊感情の低さの表れであり、海外から帰国した私だからこそ、その特徴を強く感じ取ったのだと理解した。私は、日本の子どもがいつ、何をきっかけに自尊感情を低下させるのかを考察するために、発達心理学を学びたいと考えた。

第三部 　自尊感情の低下には、日本の学校教育の在り方が影響していると考える。日本の学校と海外の学校の教育環境の違いを比較しながら、子どもの心に与える影響を考えたい。また、戦前、戦後から高度成長期、詰め込み教育時代、ゆとり教育時代とそれぞれの時代の教育環境を比較しながら、歴史的観点からも考察を深めたい。

第四部 　貴学教育人間科学部には、心理学科と教育学科の二学科があるため、教育学と心理学の両学問から多くを学べる環境が整っている。私が学びたい発達心理学では、心理学のみならず教育分野の知見を広げることが重要だ。そのことから、貴学こそが私にとって最高の学びの場であると確信した。以上の理由で、貴学教育人間科学部心理学科に進学したい。

各部の分量は内容によりますが、だいたい次の割合の範囲内で書くようにしましょう。

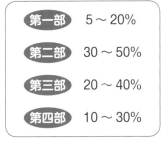

第一部	5～20%
第二部	30～50%
第三部	20～40%
第四部	10～30%

また、二つのポイントをおさえておきましょう。

POINT

①第一部を長くしすぎない

　第一部が全体の20%を超えたら、もう少しコンパクトにできないか推敲（すいこう）してみる。より具体的な志望理由は第三部まで取っておくように意識すると、削れる内容が見つかる。

②第二部を長くしすぎない

　体験談を書くと、ついだらだらと長くなりがちである。第二部が全体の50%を超えたら、見直しが必要。志望のきっかけとなる話は一つに絞れないか、場所や時間、会話内容など、もう少し簡潔にできる部分はないかなどを吟味しよう。

志望理由書は、下ごしらえが重要

　ここまでの説明で、志望理由書の書き方は理解できたと思います。続いて、書くネタの作り方を説明します。この志望理由書のネタ作りを、本書では「下ごしらえ」と呼びます。

　合格するための志望理由書を作り上げるには、実際に書く前に、ネタの下ごしらえが重要です。単にネタをメモしておくだけではなく、あらゆるネタに対し、自分なりに考えたことを記録しておくとよいでしょう。なお、下ごしらえの段階では、ネタは一つに絞らなくても結構です。複数のネタが書けそうな場合はとりあえず全て書いておきましょう。そして、下ごしらえとして右の準備ワークに書き込んでいきましょう。

第一部「志望理由」の下ごしらえ

❶ 大学卒業後にどんな仕事をしたいかを書こう。

　就きたい職業が決まっている人は、ズバリとその職業名を書いてください。「私は将来、……になりたい」とズバリと書きましょう。職業名がはっきり言葉にできない場合は、どんな仕事をしたいのかを具体的に説明してください。ただ、くどくど書いていても収拾がつかなくなるので、「私は将来、……をしたい」という一文でまとめてみましょう。

❷ 大学で何を学びたいかを書こう。

　大学で学びたいこととして、「英語」「生物」など高校までの教科を書いてはいけません。また、「他人へのやさしさを学びたい」「チームワークの大切さを学びたい」というように、道徳心を身につけたいということをアピールするのもいけません。中学入試や高校入試では通用するかもしれませんが、大学の志望理由としては通用しません。大学は、専門分野を学ぶ場です。したがって、志望学部・学科で学べる分野で、特に何に力を入れて学びたいかを書いてください。受験を考えている大学の学部でどんな勉強ができるのかわからない人は、大学のパンフレットやホームページで調べてみましょう。興味のある分野・学科があったら、それを書き出し、具体的にどんなことを学べるのかを調べてみましょう。さらに、どんな点に興味をもったのかもメモしておきましょう。

準備ワーク

　志望理由書の第一部「志望理由」について、以下の①・②に取り組み、書いてみよう。

① 大学卒業後にどんな仕事をしたいか。

> メモ
>
> _____
> _____
> _____
> _____

★私は将来、[　　　　　　　　　　　　　　　　　　　　　　　　　]

② 大学で何を学びたいか。

> メモ
>
> _____
> _____
> _____
> _____

★私は大学で、[　　　　　　　　　　　　　　　　　　　　　　　　　]

第二部 きっかけの下ごしらえ①

　第一部で挙げた志望理由をもつようになったきっかけは、何ですか。

　志望理由をもつに至るきっかけには、個人的体験をはじめ、人の話、本、映画、テレビ番組などがあると思います。それを思い出してください。

　きっかけがうまくまとめられない人、もっと面白いきっかけを見つけたい人、これからきっかけを考えるという人は、このページと P.050 で紹介する三つの方法で下ごしらえをしてみましょう。まずは「キーワード自分史」という方法です。

キーワード自分史

　まず、志望理由に関連するキーワードを一つ選び出し、その言葉にまつわる自分の歴史を振り返ってみます。

　たとえば、将来、旅行会社に勤めたいならば、「旅行」をキーワードにして、小学校以前、小学校時代、中学校時代、高校時代と時代区分ごとに記憶をたどってみます。各区分で最低一つずつは、キーワードにまつわるエピソードを思い出してみましょう。エピソードは、自分が直接体験したことでなくても構いません。「旅行」をキーワードに自分の記憶を振り返った場合、どこかの時代では旅行したことがないかもしれません。その場合、他の人（きょうだい、近所の人、親戚など）の旅行の話や、テレビや新聞をにぎわせたニュース、読んだ本に出てきた旅行の話などをエピソードとしても構いません。

　書き出したエピソードについては、現在の視点から振り返り、そこから考えたことを書き出します。

> **例**

> **高校時代のエピソード**

- 高校１年生の春休みに、母と二人で沖縄を旅行した。そこで、ミンサー織りの工房を営む方に掛け合い、特別に半日のミンサー織り体験教室を開いてもらった。

> **振り返り、考えたこと**

- ミンサー織りの模様づくりは奥が深いため、大学受験が終わったら再度訪れて、今度はじっくり取り組みたいと思った。

　このように、考えたことを文章にしたら、これを志望理由と結びつけられないかを検討します。

　「キーワード自分史」は、このように自分の中に眠っているエピソードを掘り起こす方法です。

　しかし、自分のこれまでの経験で、志望理由につながるエピソードに使えそうなものはないという人もいるでしょう。そうした場合でも、きっかけなしでは志望理由に説得力を出せませんので、何とかきっかけを示さなくてはなりません。そこで、新たなきっかけづくりをする方法として、次の P.050 で「インタビュー」と「本探し」を紹介します。

準備ワーク

　志望理由書の第二部「きっかけ」について、キーワードと「キーワード自分史」
を書いてみよう。

★キーワード

- 小学校以前のエピソード

- 振り返り、考えたこと

- 小学校時代のエピソード

- 振り返り、考えたこと

- 中学校時代のエピソード

- 振り返り、考えたこと

- 高校時代のエピソード

- 振り返り、考えたこと

第二部　きっかけの下ごしらえ②

インタビュー

　志望理由で将来なりたい仕事を挙げたならば、今現在その仕事に就いている人にインタビューをしてみましょう。

　親や親戚、知り合いなどを頼りに、話を聞かせてもらえる方を探してみましょう。また、高校の催しの講演会などで、自分のやりたい仕事のプロの方が来たら質問をしてみるのもよいと思います。

　インタビューでは「旅行会社に勤めるようになったきっかけは何ですか」などと、その方のきっかけを聞いても有効ではありません。インタビューのねらいは、その人の話から何かを感じ取ることです。「へぇー、旅行会社ってそんなことも企画するとは知らなかった」といった驚きや感動を得られたら成功といえるでしょう。それをそのままあなたのきっかけにすることができます。こうした驚きや感動を得るためには、その人の「やりがい」や「失敗談」を聞くことをお勧めします。

> **例**　「旅行会社の仕事をしていてよかったと思うのは、どんなときですか」
>
> 　　　「失敗談でお話しいただけることがあったら、教えてください」

　失敗談を話したくない方もいると思いますので、相手の気持ちを察しながら尋ねることが大切です。無理に聞いてはいけません。話してくれた場合には、そのエピソードと共に「失敗から学んだこと」も聞いてみましょう。そこまで聞けたら、それがあなたのきっかけになる可能性は高いと思います。

本探し

　志望理由に関係する本を読んで、きっかけ探しをするのもよい方法です。岩波新書、中公新書、集英社新書、PHP新書、講談社現代新書、光文社新書などの、さまざまな出版社新書が手軽でお薦めです。

　本を読む際には、「へぇー、なるほどなぁ」と感心した箇所には、どんどんアンダーラインを引くなりして、印を付けていきましょう。読み終わってから、チェックをした箇所を読み直し、特に印象深い箇所をいくつか選んで、書き出してください。そして、その箇所に対して、自分が感じたことを書いてみましょう。

　たとえば、P.045の**例3**で登場した『日本の子どもの自尊感情はなぜ低いのか』という本には、海外からの報告として、自尊感情の高い子どもは、責任感の強さや社会適応能力の高さに加え、逆境に強いことが紹介されています。いじめに屈することも少なく、周囲の目も気にしない、失敗に動じることもないとのことです。

　この内容に注目した場合、次のように自分の考えたことをまとめます。

> **例**　自尊感情が低いと、無責任で、社会に適応できず、すぐにくじけてしまう。自尊感情の高い子どもを育てる教育は、将来の社会の担い手を育てるためにも重要で、日本の学校の大きな教育目標に置くべきではないか。

　このように、思ったことを書き残しておくとよいでしょう。

準備ワーク

　志望理由書の第二部「きっかけ」について、以下の「インタビュー」、「本探し」に取り組み、書いてみよう。

★インタビュー
- 質問した内容

- 聞いた内容

- 聞いた話から感じたこと

★本探し
- 書名・著者・出版社名

- 特に印象に残った箇所

- 印象に残った箇所から感じたこと

22 第三部　社会的意義の下ごしらえ

あなたの志望理由は、社会にとってどんな意味があると思いますか。

あなたが将来就きたい職業、将来やりたい仕事、大学で学びたいことは、社会にとってどんな意味があるのか、どう役立つのかを考え、志望理由書に社会的意義を書くための下ごしらえをしましょう。

志望理由に関連した社会の問題点が見つけられない人は、志望大学のパンフレットやホームページを活用しましょう。パンフレットやホームページの情報から、志望理由と関連付けられそうな社会の問題点を探してください。特に、次のような部分に注目してください。

注目する部分
- 志望学部・学科の概要
- 志望学部の教員のコメント
- 社会人 OB・OG のコメント
- 在学生のコメント

そして、この中に、

チェックポイント
- これからの時代に向けて、社会はどうあるべきかを述べている箇所
- 現在の社会の問題点に触れている箇所
- 人間にとって何が大切かを述べている箇所

があったら、チェックしましょう。その中で意味がよくわからない言葉や、今一つ理解できない箇所があったら、辞書や本、インターネットなどで調べます。さらに、チェックした箇所に対して、自分がどう思ったのかも書きます。

たとえば、次のような情報を大学のパンフレットから得たとします。

例

大学情報でチェックした社会の問題点

- 日本の刑事司法は、公の秩序を守るためにある。したがって、法が犯罪加害者を裁くのは国、社会のためであって、被害者および被害者の家族や遺族のためではない。そのため、日本では犯罪被害者の権利は十分に守られていないといえる。犯罪被害者は精神的苦痛や、社会から偏見を受け、大変痛ましい状況にある。

自分なりに考えたこと

- 公の秩序を守るためには、加害者が更生して社会復帰することが大切だが、社会生活を送る前提は、他者への思いやりが不可欠である。

考えたことを文章にしたら、ここから志望理由の社会的意義につなげられるかを検討します。

準備ワーク

　志望理由書の第三部「社会的意義」について、志望大学のパンフレットやホームページを参照し、以下のことを書いてみよう。

★チェックした箇所（志望大学のパンフレット〇〇ページより／志望大学のホームページより）

★チェックした箇所について、調べてわかったこと

★チェックした箇所について、自分なりに考えたこと

第三部　具体的ビジョンの下ごしらえ

　あなたは、志望理由である将来の夢や希望を、具体的にどのような形で実現したいですか。

　将来、目指している職業に就けたら、仕事を通じて何を実現したいか、大学で具体的に何を学びたいか、研究したいかを考え、志望理由書に具体的ビジョンを書くための下ごしらえをします。

　今のところ明確なビジョンがない場合には、第三部は「社会的意義」でまとめることをお勧めします。また、ビジョンはあるのだけれど、どう書いてよいのかわからない人は、とにかく具体的に夢の計画を書いてください。まずは具体的に何がしたいかという夢をズバリと書きましょう。

　志望理由が大学で学びたいことであれば、その分野に関する自分なりの仮説と、研究の計画を書くとよいでしょう。

　次に、将来、旅行会社に勤めたい場合と、発達心理学を学びたい場合の例を挙げますので、参考にしてください。

例1

具体的な将来の夢

● 体験型文化観光を企画し、訪日外国人観光客に提供したい。

計画

● 大学で日本各地の歴史・文化を学ぶ。→できる限り多くの地を訪れて、将来観光客に紹介したいスポットを検討する。→旅行会社に就職し、旅行業の基礎を学ぶ。→訪日外国人向けの自分なりの体験型文化観光の企画を会社に提案する。

例2

学びたい分野の仮説

● 自尊感情の低下は、日本の学校教育の在り方が影響していると考える。

計画

● 日本の学校と海外の学校の教育環境の違いを比較しながら、子どもの心に与える影響を考察する。戦前、戦後から高度成長期、詰め込み教育時代、ゆとり教育時代とそれぞれの時代の教育環境を比較しながら歴史的観点からも考察する。

準備ワーク

　志望理由書の第三部「具体的ビジョン」について、以下の①・②のどちらかを書いてみよう。

① 具体的に何がしたいかという夢がある場合

★具体的な将来の夢

★計画

② 大学で学びたいことがある場合

★学びたい分野の仮説

★計画

24 第四部　まとめ（大学の魅力）の下ごしらえ

あなたの志望理由を実現するために、志望する大学に入学すると、どんな良い点がありますか。次の二つの点から考えてください。

> ❶ 学ぶ場としての魅力
> ❷ 他の大学にはない魅力

大学の魅力を探すには、やはり大学のパンフレットやホームページが有効でしょう。また、オープンキャンパスなどの機会に大学に出向いて、自分で見たり聞いたりして感じた魅力があったら、それをぜひ記録してください。

第四部で書くべき大学の魅力は、志望理由である将来の夢や希望の実現に向けた、学ぶ場としての魅力です。まずは基礎科目、ゼミ科目などで「これを学びたい」というものがあれば、それを取り上げてください。在職する教授も魅力として取り上げることができます。「～という研究をやっている教授がいらっしゃる」「パンフレットに載っていた○○教授の……という言葉に、とても魅力を感じた」など、その大学の先生の研究内容やパンフレットのメッセージで心に残ったものがあれば、それも記録しましょう。研究施設や図書館などの施設を挙げるのもよいでしょう。その他、留学生制度や取得できる資格、大学・学部のもつ伝統、大学のしくみ、就職状況なども魅力となります。

自分にとっての魅力をなかなか見つけられない人は、志望大学の学部と同じ学部のある他大学のパンフレットと比べてみると、志望大学にしかない魅力が見えてくるかもしれません。

例
- ○○大学法学部には、人権問題にくわしい○○教授がいらっしゃる。
- ○○大学教育人間科学部には、同じ学部内に心理学科と教育学科の二学科があるため、教育学と心理学の両学問から多くを学べる環境が整っている。
- ○○大学人間文化学部歴史文化学科には、発掘調査、民俗調査、被災文化財の修復などのたくさんの体験型授業が開講されている。また人間文化学部共通の副専攻制度で、ツーリズム・ホスピタリティの講義が受けられるなど、私の将来の夢に向かって学べる環境が整っている。

記録した魅力の中から、「志望理由である将来の夢や希望の実現のために、志望する大学こそが最適の環境である」と述べることができる魅力を、一つか二つ選択します。

準備ワーク

志望理由書の第四部「まとめ（大学の魅力）」について、以下のことを書いてみよう。

★志望大学のパンフレットやホームページより
- 学ぶ場としての魅力は、どんなところにあるか。できれば二つ以上挙げてみよう。

- なぜ魅力だと思ったのか、それぞれその理由を書こう。

★オープンキャンパスや大学見学より
- 実際に大学を訪れて、改めて魅力に感じたことは何か。

- なぜ魅力だと思ったのか、その理由を書こう。

★同学部・学科をもつ他大学のパンフレットやホームページとの比較より
- 他大学と比べて、志望大学を魅力に感じた点は何か。

- なぜ魅力だと思ったのか、その理由を書こう。

四部構成でまとめる

　ここで、P.044の **例2** を再び示します。下ごしらえメモをどのように使って、志望理由書を仕上げたのかを紹介しましょう。

例2

第一部　私は将来、旅行会社に就職し、訪日外国人観光客のための旅のプランを企画したい。そのためには、日本各地の歴史と文化を学ぶことが重要だ。だから〇〇大学人間文化学部歴史文化学科で学びたい。

下ごしらえメモ

【志望理由】旅行会社に勤めたい。　→　具体的にどんな仕事をしたいか。　→　訪日外国人のための旅のプランを企画したい。

【〇〇大学人間文化学部歴史文化学科の学びと、志望理由をどう結び付けるか】
　→　国内の旅のプランを企画するには、日本各地の歴史と文化を学ぶ必要がある。

第二部　高校1年生の春休みに、母と二人で沖縄を旅行した。その時にお世話になった方がとても親切で、私たち親子の要望に快く応えてくれた。母と沖縄を訪れるのは三度目だったので、単なる名所めぐりでなく、地元の人たちと交流できる旅行をしたかった。そこで、ミンサー織りの工房を営む方に掛け合い、特別に半日のミンサー織り体験教室を開いてもらった。ミンサー織りの模様づくりは奥が深いため、大学受験が終わったら再度訪れて、今度はじっくり取り組みたいと思った。さらに、私自身も日本文化を楽しむ体験ツアーを企画して、海外の人々に日本の面白さを、身をもって知ってほしいと思った。

下ごしらえメモ

「旅行」をキーワードにした自分史をまとめる。

【小学校以前】　・新潟の祖父母を訪ねる　→　家の大きさにびっくりした。

【小学校】　・家族で海水浴　→　波が怖かった。
　　　　　　・軽井沢の林間学校　→　皆で夜おしゃべりをしていて、なかなか眠れなかった。

【中学校】　・家族でハワイ旅行　→　景色がすばらしかった。買い物が楽しかった。
　　　　　　・京都・奈良に修学旅行　→　二条城がすばらしかった。

【高校1年生】◎母と沖縄旅行　→　再訪したいと思った。なぜ？　→　ミンサー織りの体験をして、さらに上達したい、ミンサー織りの奥深さを体験して学びたいと思ったから。　→　旅先で文化体験をすることで、その魅力にひかれれば、何度も訪れたくなる。

※志望理由をもったきっかけにできそう！

第三部　日本を訪れる外国人観光客は年々増加している。観光客増加による国内経済への波及効果は大きい。したがって、外国人観光客の数をさらに増やすことは社会的な課題である。私は、リピーターを増やすための観光対策が有効であると考える。同じ外国人旅行者に日本に何度も訪れてもらうためには、体験型文化観光を中心に捉えたプランをもっと用意すべきだろう。私は、外国人観光客に日本の魅力を知ってもらうための体験型文化観光を開発し、何度も利用してもらえる旅のプランを企画したい。

下ごしらえメモ

・新聞記事より……外国人観光客の増加による国内経済への波及効果は大きい。
　→　この社会的な課題に応える策　→　体験型文化観光を開発し、訪日外国人観光客にリピーターになってもらう。

※志望理由の具体的ビジョンになりそう！

　貴学人間文化学部歴史文化学科では、発掘調査、民俗調査、被災文化財の修復などのたくさんの体験型授業が開講されている。また人間文化学部共通の副専攻制度で、ツーリズム・ホスピタリティの講義が受けられるなど、私の将来の夢に向かって学べる環境が整っている。以上の理由から私は貴学人間文化学部歴史文化学科に進学したい。

下ごしらえメモ

・大学のパンフレットより……志望学科の科目で注目したもの
　体験型授業（発掘調査、民俗調査、被災文化財の修復）、副専攻制度（ツーリズム・ホスピタリティ）
　※体験型授業や旅行業に関わる科目から、将来の夢を叶えるため学びの環境であることをいえそう！

　それでは、皆さんも、準備ワークに書いてきた下ごしらえメモをもとにして、全体のバランスなどに注意しながら、志望理由書を書いてみましょう。

準備ワーク

第一部から第四部の下ごしらえで書いたことを使って、志望理由書を書いてみよう。

26 提出前の注意事項

実際に志望理由書を仕上げる前に、確認しておくとよい注意事項を挙げておきます。

全般的な書き方について

1 丁寧に書く

志望理由書はあなたの人生を決める大切な書類です。ゆっくり時間をかけて、なるべく読みやすい字で書きましょう。また、誤字脱字がないように注意しましょう。

2 固有名詞を間違えない

たとえば、「慶應義塾大学」「國學院大學」などのように、学校の正式名称に、旧漢字を使っている大学には、きちんと旧漢字を使用します。文章内で人名を出す場合には、表記を間違えないように気をつけましょう。「野口英世」を「野口秀世」と書けば常識を疑われます。また、志望大学の教授などの名前も間違えないように気をつけてください。たとえば、「和田圭史」教授を「和田圭司」教授と間違えられた場合には、いくら「尊敬している」「パンフレットの言葉に感銘を受けた」などと書かれても、当の教授はあまり気持ちのいいものではありません。それから、肩書きも間違えないように注意が必要です。現在「教授」である先生に対して、古い情報などをもとに「准教授」と書いたりしないように十分に気をつけましょう。

3 段落替えを適宜する

段落替えのない文章は、非常に読みにくいものです。たくさん言葉を詰め込むほうがよいと思い、一回も段落替えをせずに書く人がいますが、勧められません。段落替えは読み手への思いやりと理解しましょう。四部構成でまとめた場合は、原則として四段落で書きます。

4 「だ・である」調（常体）か「です・ます」調（敬体）で統一する

一般的には、常体で書きます。しかし、短大の秘書コースなど、ビジネスマナー教育に力を入れている大学や、「やさしさ」や「謙虚さ」を文体から感じさせたい人などは、敬体で書くのもよいでしょう。

5 書き言葉で正しく書く

ふだん友達と話すときや、ラインなどのＳＮＳでやりとりするときに使うくだけた言葉を混ぜないようにしましょう。また、「！」「？」などの記号も、本来の日本語にはないものなので使用しません。

例 × 「ムカつく」「マジ」「死ぬほど走る」「英語とか好きです」など

マス目のある用紙の場合

マス目がある場合には、原稿用紙に書くときのルールに従います。次の六つに注意しましょう。

1 　書き出しと段落の初めは必ず１マス空ける。段落を替えるとき以外は、行替えをしない。

2 　１マスには、原則として１字だけ書く。句読点（「。」「、」）や括弧類にも、１マス分を使う。

3 　行の最初に、句読点や閉じ括弧を入れない。これらが行の最初にくるときは、前の行の最後のマス目に入れる。

4 　数字は、縦書きのときは原則として漢数字を使う。横書きの場合も普通は漢数字を使うが、数量を示すときには算用数字を使う。

5 　横書きの場合、算用数字とアルファベットは１マスに２字入れる。

6 　指定字数がある場合には、それを必ず守る。「1,000 字以内」とあれば、必ず 1,000 字以内に書く。１字でもオーバーしてはならない。「1,000 字程度」という場合には、プラス・マイナス 10%が理想だが、20%程度までは許容範囲である。また、ごく特殊な場合を除いて、句読点や括弧、それに段落替えによって生じた空白も字数に加える。

罫線の用紙の場合

罫線のみの用紙の場合には、次の二つに気をつけてください。

1　あまり大きな字で書かないようにする

大きめの字で書くと、単純に書ける分量が少なくなります。下書きをして、書きたい内容が用紙に全部収まる字の大きさで書きましょう。

2　余白をあまり残さないように心がける

罫線の用紙の場合、指定字数がない場合が多いのですが、かといってあまりに少なすぎる分量ではよい評価はもらえません。余白はせいぜい全体の 20%程度に留めましょう。

文書作成ソフトウェアを使用する場合

「文書作成ソフトウェア（Microsoft Word など）で仕上げることも可能」としている大学もあります。その場合にも、自筆で書く場合の注意点は基本的に全て守ります。そのうえで、漢字の変換ミスに気をつけましょう。たとえば、「貴学」を「器楽」、「以上」を「異常」などのように間違うと、悪目立ちしてしまいます。必ず印字したものを読み直してください。

大学で指定事項がある場合

大学によっては、表記の仕方や内容を用紙の冒頭で指定していることがあります。その場合には、もちろん、その条件を満たして書かなくてはいけません。

たとえば、次のような場合があります。

- 志望理由を自筆により 500 字以内で書いてください。
- 黒色の万年筆かボールペンを使用してください。

この場合には、必ず自分で書く必要があり、しかも筆記具も指定のものを使わなくてはいけません。鉛筆はもちろんのこと、青色のペンも使用してはいけません。

また、次のような指定事項が示されることもあります。

> ① あなたの将来の夢や将来就きたい職業などについて自由に書いてください。
> ② あなたが〇〇大学経済学部または法学部をなぜ志望したか、また、そこで何を学びたいかについて、①で述べたことと関連付けながら書いてください。（横書き600字以内）

この大学の志望理由書の場合、②には、必ず志望学部をなぜ志望したのか、そこで何を学びたいかを、①で述べたことと関連づけながら、といった三つの条件を必ず満たした回答を書かなくてはいけません。

ちなみにこの場合には、本書で見てきた第一部と第二部（P.036〜039）の内容を①で回答し、第三部と第四部（P.040〜043）の内容を②で回答すればよいでしょう。

提出前のチェック表

	チェック項目	✓
1	丁寧に書いたか	
2	固有名詞を間違えていないか	
3	適切に段落替えをしているか	
4	常体または敬体で統一して書いているか	
5	書き言葉で正しく書いているか	
6	原稿用紙のルールに従って書いているか（マス目のある用紙の場合）	
7	字の大きさは適切か（罫線の用紙の場合）	
8	余白をあまり残していないか	
9	変換ミスがないか（文書作成ソフトウェアで作成した文書の場合）	
10	大学の指定事項に従っているか（字数）	
11	大学の指定事項に従っているか（筆記用具）	
12	大学の指定事項に従っているか　　（※必要な内容を入れましょう）	
13	大学の指定事項に従っているか　　（※必要な内容を入れましょう）	
14	大学の指定事項に従っているか　　（※必要な内容を入れましょう）	
15	大学の指定事項に従っているか　　（※必要な内容を入れましょう）	

自己推薦書とは

　自己推薦書とは、その名のとおり、大学に向けて自分で自分を推薦する文書です。自己推薦書を書くときに心がけてほしいことは、二つあります。

> ・「大学に売り込みたい自分（セールスポイント）」をはっきり伝える。
> ・やる気と真面目さが感じられるようにまとめる。

　自己推薦書の基本の構成は、次のとおりです。

> 第一部　セールスポイント（ズバリと書く）
> 第二部　セールスポイントの裏付けとなる体験
> 第三部　セールスポイントをどう活かすか（将来の展望）
> 第四部　まとめ

第一部　セールスポイント

　第一部では、大学に最も売り込みたい自分のセールスポイントを、ズバリと示します。

例1 私にはねばり強さがある。目標を立てたら、どんな困難に遭遇しても、達成まであきらめずに努力することができる。

例2 私のセールスポイントは、協調性を大切にすることだ。

例3 私の長所は、リーダーシップを発揮できる点だ。

例4 七転び八起きが、私の信条である。

　このような具合に簡潔にまとめます。売り込みたいセールスポイントがたくさんあっても、あれこれ羅列してはいけません。できれば一つ、せいぜい二つに絞ります。

　なお、セールスポイントとは、スポーツの実績や取得資格などの優れた成果のことではありません。大学が受験生の活動実績を評価対象とする場合には、「活動報告書」の提出を求められるでしょうから、そちらに書きましょう。

> **POINT**
> セールスポイント…個性・人柄・価値観など、内面的な特長

答えは別冊8ページ

次の文章は、自己推薦書の第一部「セールスポイント」の悪い例である。どこが悪いかを指摘しよう。

① 私のセールスポイントは、こつこつ努力ができて、なおかつねばり強さもあり、チームで行動するときにはリーダーシップを発揮しながら、協調性を保つこともできるところである。

② 私は細かい作業が得意です。ビーズアクセサリー作りを、一日中飽きずに続けることができます。

③ 私のセールスポイントは、輝く笑顔だ。

④ 私の長所は、知性にあふれるところだ。

どこが悪いかに気づくことが大切だね。

　第二部では、第一部で示した自分のセールスポイントの裏付けとなる体験を紹介します。高校生は、次のようなことから探すとよいでしょう。

- 部活動
- 委員会活動
- 学校での取り組み
- ボランティア活動
- 趣味
- 友人関係

　体験をあれこれ並べてはいけません。できれば一つ、せいぜい二つぐらいに絞って、その体験の中でどうセールスポイントを発揮したのかを具体的に伝えてください。思い出を伝えるだけではセールスポイントの裏付けにはなりませんので、気をつけてください。

　次に、ねばり強さの裏付けとなる体験として、趣味（旅行）を取り上げた例、協調性の裏付けとなる体験として、学校での取り組み（合唱コンクール）を取り上げた例を紹介します。

例1　ねばり強さの裏付けとなる体験

　高校2年生の夏休みを利用して、友人と自転車で四国一周旅行に挑戦した。途中、台風に見舞われたり、タイヤがパンクしたりと何度も困難に遭遇した。そんなときには「冷静に計画を見直すチャンス」「気分転換を図れるチャンス」と考え、気持ちを立て直しながら挑戦を続けた。その結果、出発してから8日目に四国一周を達成できた。

例2　協調性の裏付けとなる体験

　私の通う私立〇〇女子高校では、毎年11月に、クラス対抗の合唱コンクールを実施する。2年生のとき、私のクラスは曲選びで意見が二つに割れた。やむを得ず、両グループの代表がじゃんけんをして、勝ったほうの曲にした。曲を決めた翌日から練習を始めたが、望む曲が選ばれなかったグループの生徒は、やる気を失っていた。私は、望んだ曲が選ばれた側の一人だったが、この雰囲気はまずいと思い、望んだ曲が選ばれたグループ全員を集めて、解決方法を相談することにした。話し合いの結果、指揮者、ピアノ、ソロのパートボーカルなどの人選を、もう一方のグループに任せる案をまとめた。もう一方のグループにその案を持ちかけると、彼女たちはやる気を出してくれた。それからは、一致団結して練習に励み、最終的には優勝することができた。望みが叶った人たちが、そうでなかった人たちの気持ちを考えて案をまとめたことで、クラス全員に協調性が生まれ、お互いを尊重し合うことができたのだ。

基本練習

答えは別冊8ページ

　次の文章は、自己推薦書の第二部「ねばり強さの裏付けとなる体験」の悪い例である。どこが悪いかを指摘しよう。

① 　高校2年生の夏休みを利用して、友人と自転車で四国一周旅行に挑戦した。途中、台風に見舞われたり、タイヤがパンクしたりと何度も困難に遭遇した。雨に濡れたせいか、熱が37度5分まで上がったときもあった。そのときは友人が手厚く看病してくれた。宿の人にお願いして冷却パックや毛布を借りてきてくれた。出発から8日目に四国一周を達成できたが、これは友人が一緒にいてくれたおかげである。

② 　高校2年生の夏休みを利用して、友人と自転車で四国一周旅行に挑戦した。途中、何度も困難に遭遇したが、出発してから8日目に四国一周を達成できた。また、高校2年生の2月にはクラス対抗の駅伝大会のメンバーとして5キロを走り抜いた。途中苦しかったが、最後まであきらめずにがんばり、次の走者にたすきを渡すことができた。また、これまで無遅刻・無欠席で高校に通学している。少々熱があっても、休まず学校に通ってきた。

③ 　高校2年生の2月に、クラス対抗の駅伝大会があった。各クラス7名の代表選手を選ぶが、私も選ばれて第2走者の役目を担うことになった。第5走者までは最下位だったが、第6走者、第7走者の追い上げで、5クラス中3位に入ることができた。7名全員があきらめずにねばり強く走ったからこそ、3位になれたのだ。

第三部　将来の展望／第四部　まとめ

第三部　将来の展望

　第三部では、自分のセールスポイントをこの先どう活かそうと思っているかを書いていきます。次のようなことをまとめるようにしましょう。

> ● 大学で、あるいは社会に出てから、自分のセールスポイントをどう活かすか。
> ● セールスポイントは、大学での勉学、大学生活に、あるいは将来の夢を実現するためにどれほど有用か。
> ● セールスポイントに磨きをかけるために、どのような大学生活のビジョンをもっているか。

　客観的に見つめた自分のセールスポイントを、今後どう活かすかを示すことで、志望大学・学部に籍を置く人物として自分がいかにふさわしいかをアピールすることになります。次の例の波線部に注目！

例1　ねばり強さを活かす将来の展望

　私の将来の夢は、旅行会社で旅のプランを作ることだ。そのために貴学人間文化学部歴史文化学科で、日本の文化・歴史を学びたい。中でも、発掘調査、民俗調査、被災文化財の修復などのフィールドワークに取り組めることを何よりも強く望んでいる。こういった調査には、あきらめずに地道な作業を続けるねばり強さが大切なはずだ。貴学歴史文化学科のフィールドワークで、持ち前のねばり強さを発揮したい。そうやって得た学びを、将来の夢である旅行企画に役立てたい。

例2　協調性を活かす将来の展望

　私は、将来看護師を目指している。現在、医療の現場では、チーム医療が重視されている。もちろん看護師は、チーム医療のメンバーとして協調性をもっていなくてはならない。それに加え、看護師は患者、患者の家族の代弁者となることで、医師と患者が協調関係を築く手助けをすることができる。病を治すには、医療スタッフ側の努力はもちろん必要だが、患者自身も医療スタッフを信頼して治癒に向かおうとする気持ちが重要だ。患者の前向きな気持ちを引き出すために、医師と患者の間を取り持つ看護師の役割は大きい。そのため、協調性を大切にする私にとって、看護師は適職であると考える。

第四部　まとめ

　第四部では、全体をまとめて、もう一度セールスポイントを伝え、締めくくればよいでしょう。

例1 以上のとおり、私はねばり強さを貴学での学びで生かし、将来の夢の実現に結びつけたい。

例2 以上が、○○大学看護学部に自らを推薦する理由である。

次の文章は、自己推薦書の第三部「将来の展望」の悪い例である。どこが悪いかを指摘しよう。

① 私の将来の夢は、旅行会社で旅のプランを作ることだ。そのために貴学人間文化学部歴史文化学科で、日本の文化・歴史を学びたい。中でも、発掘調査、民俗調査、被災文化財の修復などのフィールドワークに取り組めることが何よりも楽しみだ。

[

]

② 私の将来の夢は、旅行会社で旅のプランを作ることだ。海外から訪れる外国人のために魅力ある日本旅行を提供したい。海外で人気の日本の漫画やテレビドラマの舞台となった地域や、漫画家や俳優のゆかりの地を巡るツアーをぜひ企画したい。私の長所であるねばり強さをどう活かせるかは正直まだわからないが、ぜひ旅行会社の仕事に役立てたい。

[

]

③ 私の将来の夢は、看護師になることだ。看護師は、協調性が求められる職業だ。その意味で、協調性をセールスポイントとする私にとって、看護師は適職である。将来は自分の持ち味を活かして、立派な看護師になりたい。

[

]

30 自己推薦書の例

自己推薦書の基本の書き方を、ここでもう一度復習します。次の四部構成でまとめます。

> **第一部** セールスポイント（ズバリと書く）　⇒　**第二部** セールスポイントの裏付けとなる体験
> ⇒　**第三部** セールスポイントをどう活かすか（将来の展望）　⇒　**第四部** まとめ

　この四部構成で書かれた自己推薦書の例文を二つ紹介します。まずは読んで、各部の分量をどの程度にすればよいかをおさえてください。

第一部
　私にはねばり強さがある。目標を立てたら、どんな困難に遭遇しても、達成まであきらめずに努力することができる。

第二部
　高校2年生の夏休みを利用して、友人と自転車で四国一周旅行に挑戦した。途中、台風に見舞われたり、タイヤがパンクしたりと、何度も困難に遭遇した。そんなときには「冷静に計画を見直すチャンス」「気分転換を図れるチャンス」と考え、気持ちを立て直しながら挑戦を続けた。その結果、出発してから8日目に四国一周を達成できた。

第三部
　私の将来の夢は、旅行会社で旅のプランを作ることだ。そのために貴学人間文化学部歴史文化学科で、日本の文化・歴史を学びたい。中でも、発掘調査、民俗調査、被災文化財の修復などのフィールドワークに取り組むことを何よりも強く望んでいる。こういった調査には、あきらめずに地道な作業を続けるねばり強さが大切なはずだ。貴学歴史文化学科のフィールドワークで持ち前のねばり強さを発揮したい。そうやって得た学びを、将来の夢である旅行企画に役立てたい。

第四部
　以上のとおり、私はねばり強さを貴学の学びで活かし、将来の夢の実現に結びつけたい。

第一部
　私のセールスポイントは、協調性を大切にすることだ。

第二部
　私の通う私立○○女子高校では、毎年11月に、クラス対抗の合唱コンクールを実施する。2年生のとき、私のクラスは曲選びで意見が二つに割れた。やむを得ず、両グループの代表がじゃんけんをして、勝ったほうの曲にした。曲を決めた翌日から練習を始めたが、望んだ曲が選ばれなかったグループの生徒は、やる気を失っていた。私は、望んだ曲が選ばれた側の一人だったが、この雰囲気はまずいと思い、望んだ曲が選ばれたグループ全員を集めて、解決方法を相談することにした。話し合いの結果、指揮者、ピアノ、ソロのパートボーカルなどの人選を、もう一方のグループに任せる案をまとめた。もう一方のグループにその案を持ちかけると、彼女たちはやる気を出してくれた。それからは、一致団結して練習に励み、最終的には優勝することができた。望みが叶った人たちが、そうでなかった人たちの気持ちを考えて案をまとめたことで、クラス全員に協調性が生まれ、お互いを尊重し合うことができたのだ。

　　私は、将来看護師を目指している。現在、医療の現場では、チーム医療が重視されている。もちろん看護師は、チーム医療のメンバーとして協調性をもっていなくてはならない。それに加え、看護師は患者や患者の家族の代弁者となることで、医師と患者が協調関係を築く手助けをすることができる。病を治すには、医療スタッフ側の努力はもちろん必要だが、患者自身も医療スタッフを信頼して、治癒に向かおうとする気持ちが重要だ。患者の前向きな気持ちを引き出すために、医師と患者の間を取り持つ看護師の役割は大きい。そのため、協調性を大切にする私にとって看護師は適職であると考える。

　　以上が、〇〇大学看護学部に自らを推薦する理由である。

各部の分量は、内容にもよりますが、だいたい次の割合の範囲内で書くようにしましょう。

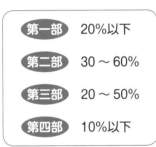

- **第一部**　20%以下
- **第二部**　30 ～ 60%
- **第三部**　20 ～ 50%
- **第四部**　10%以下

自己推薦書の分量調整のポイントは、次の二つです。志望理由書と共通しますので、併せて頭に入れておきましょう。

POINT

①第一部を長くしすぎない

　第一部が全体の 20% を超えたら、もう少しコンパクトにできないか検討する。

②第二部を長くしすぎない

　体験談を書くと、ついだらだらと長くなりがちである。第二部が全体の 60% を超えたら、調整が必要。できる限り 50% 程度でまとめるように心がける。

下ごしらえが重要／第一部　セールスポイントの下ごしらえ

自己推薦書も、下ごしらえが重要

　ここまでの説明で、自己推薦書の書き方は理解できたと思います。続いて、自己推薦書のネタの作り方、下ごしらえの仕方を紹介します。下ごしらえとして右の準備ワークに書き込んでいきましょう。

　なお、合格するための自己推薦書を作り上げるには下ごしらえが重要ですが、実は志望理由書での下ごしらえをそのまま使える場合もあります。したがって、志望理由書を先に書いた人は、志望理由書そのものと、そのときに使ったメモをまずは眺めてみましょう。

第一部「セールスポイント」の下ごしらえ

　すぐに自分のセールスポイントを決められる人は、下ごしらえの必要はありません。しかし、いざ自分のセールスポイントを一つ選ぶとなると、なかなか決められない人もいると思います。そのような人のために、総合・推薦型選抜で勝負するためのセールスポイントの見つけ方を紹介します。

◎「求める学生像（アドミッション・ポリシー）」との共通点を考える

　志望大学の掲げる「求める学生像（アドミッション・ポリシー）」の要素を参考に、自分のセールスポイントを考えます。

　たとえば、ある大学の文化情報学部では次のような「求める学生像」を掲げています。

> 1）人間を取り巻くさまざまな文化現象に対する幅広い関心と探求心をもっている学生。
>
> 2）文理の枠にとらわれることなく、新しい価値を見つけようとするチャレンジ精神がある学生。

　1）からは「好奇心旺盛」、2）からは「チャレンジ精神旺盛」などのセールスポイントをもった学生を求めていることがわかります。それが導き出せたら、「そういえば自分にも、……という面がある」と自分自身にもあてはまりそうな点を一つ見つけるようにして、それをセールスポイントにします。

◎インタビュー

　「私の魅力って何だろう」と、親、きょうだい、親戚、先生、友人などに聞いてみましょう。自分のことはよくわからなくても、身近にいる人の長所・短所なら、よくわかっている人は結構います。特に親に聞くのはお勧めです。あなたのことを、生まれたときからずっと見てきているからです。あなたのセールスポイントを、あなた以上にわかっている可能性は高いと思われます。

　できれば複数の人に聞いて、同じセールポイントを挙げてもらえたら、それを有力候補にします。複数挙がったら、書き並べてみて、自分が志望大学に売り込みやすいものを選ぶとよいでしょう。

◎褒められた体験を思い出す

　自分の中学・高校時代を中学、高1、高2、高3で区分して、各時代に褒められた体験を三つ以上書き出します。学校の先生、習い事の先生、部活の顧問の先生や仲間、友人などから褒められたことを思い出してください。大絶賛でなくても、ほのめかされたぐらいのものでもよいので、思い出してメモしましょう。

　全ての時代の体験を書き出したら、それぞれに対して「要するに、自分のどんなセールスポイントを褒められたのか」を考えてみます。その中から多くの体験があてはまるもの、あるいは最も売り込みやすそうなものをセールスポイントにします。

準備ワーク

　自己推薦書の第一部「セールスポイント」について、以下の①か②に取り組み、書いてみよう。

① インタビュー

② 褒められた体験を思い出す（各時代三つずつ）

〈中学〉	・ ・ ・	〈高2〉	・ ・ ・
〈高1〉	・ ・ ・	〈高3〉	・ ・ ・

★私のセールスポイントは、[　　　　　　　　　　　　]

32 第二部　裏付けとなる体験の下ごしらえ

　自分のセールスポイントが決まっても、その裏付けとなる体験がなかなか見つからない人がいます。また、体験はあっても、うまくまとめられない人もいます。そのような人は、P.**048** 第2章 20「志望理由書トレーニング」で紹介した「キーワード自分史」の方法で、体験を掘り起こしてください。

キーワード自分史

　自分のセールスポイントに関連するキーワードを一つ決め、自分の高校時代を高1、高2、高3に分け、区分ごとにキーワードにまつわる思い出をつづっていきます。セールスポイントの場合は、高校時代に限定して考えてみましょう。もちろん中学時代に非常に大きな出来事を体験している場合には、例外的にそれも含めて構いませんが、できる限り高校時代の体験で裏付けるほうがよいでしょう。

　たとえば、キーワードが「ねばり強さ」であれば、ねばり強くがんばった体験を高校3年間の学年ごとに書き出します。各学年で、最低一つの体験を思い出してみましょう。そして、書き出した体験を振り返り、そこから考えたことを書き出します。

例

高2のときのエピソード

- 夏休みに、友人と自転車で四国一周旅行に挑戦した。途中、台風に見舞われたり、タイヤがパンクしたりと大変だったが、出発から8日目に四国一周を達成できた。

振り返り、考えたこと

- 困難に遭遇しても、「冷静に計画を見直すチャンス」「気分転換を図れるチャンス」と考え、気持ちを立て直しながら挑戦を続けた。このように気持ちの立て直しを行うことで、何事もねばり強く頑張れるのだ。

　このように、振り返って考えたことをもとに、セールスポイントの説明を自分なりにできれば、体験による裏付けは説得力のあるものとなります。

準備ワーク

　自己推薦書の第二部「裏付けとなる体験」について、キーワードと「キーワード自分史」を書いてみよう。

★キーワード

- 高1のときのエピソード

- 振り返り、考えたこと

- 高2のときのエピソード

- 振り返り、考えたこと

- 高3のときのエピソード

- 振り返り、考えたこと

★上に挙げた体験から絞り込んだ、キーワードの裏付けとなる体験は、何か。

33 第三部　将来の展望・第四部　まとめの下ごしらえ

第三部「将来の展望」の下ごしらえ

　第三部で、自分のセールスポイントをどう活かすかをまとめるには、志望理由書に書いた志望理由や、将来の具体的ビジョンを活用できます。志望理由である将来の夢や希望を実現するための適性が、自らにあることをアピールします。セールスポイントを活かして、夢や希望をどのように実現したいのかという具体的ビジョンを紹介してもよいでしょう。

例1　セールスポイント：ねばり強さ

将来の夢 私の将来の夢は、旅行会社で旅のプランを作ることだ。そのために貴学人間文化学部歴史文化学科で、日本の文化・歴史を学びたい。中でも、発掘調査、民俗調査、被災文化財の修復などのフィールドワークに取り組めることを何よりも強く望んでいる。**夢とセールスポイントとの関連** こういった調査には、あきらめずに地道な作業を続けるねばり強さが大切なはずだ。**どう活かすか** 貴学歴史文化学科のフィールドワークで持ち前のねばり強さを発揮したい。そうやって得た学びを、将来の夢である旅行企画に役立てたい。

例2　セールスポイント：協調性

将来の夢 私は、将来看護師を目指している。現在、医療の現場では、チーム医療が重視されている。**夢とセールスポイントとの関連** もちろん看護師は、チーム医療のメンバーとして協調性をもっていなくてはならない。それに加えて、看護師は患者や患者の家族の代弁者となることで、医師と患者が協調関係を築く手助けをすることができる。病を治すには、医療スタッフ側の努力はもちろん必要だが、患者自身も医療スタッフを信頼して、治癒に向かおうとする気持ちが重要だ。**どう活かすか** 患者の前向きな気持ちを引き出すために、医師と患者の間を取り持つ看護師の役割は大きい。そのため、協調性を大切にする私にとって、看護師は適職であると考える。

第四部「まとめ」の下ごしらえ

　第四部については、P.068で述べたように、全体をまとめて、もう一度セールスポイントを伝えて、締めくくればよいでしょう。

例1 以上のとおり、私はねばり強さを貴学での学びで活かし、将来の夢の実現に結びつけたい。

例2 以上が、○○大学看護学部に自らを推薦する理由である。

　まとめでは、「以上のとおり」「以上が」などのように、締めくくりであることがわかる表現を用いるようにしましょう。

準備ワーク

① 自己推薦書の第三部「将来の展望」について、以下のことを書いてみよう。

★将来の夢や希望

★自分のセールスポイントは、夢や希望とどう関連するか

★自分のセールスポイントをどう活かすか

② 自己推薦書の第四部「まとめ」として、全体を端的にまとめて書いてみよう。

　ここでもう一度、P.**070** の 例2 を再び示します。下ごしらえメモをどのように使って、自己推薦書を仕上げたのかを確認してください。

例1

第一部
　私にはねばり強さがある。目標を立てたら、どんな困難に遭遇しても、達成まであきらめずに努力することができる。

下ごしらえメモ
・志望大学の「求める学生像」より……何事にも最後まであきらめずに取り組む学生。
　→　ねばり強さ
※自分のセールスポイントと共通する！

第二部
　高校2年生の夏休みを利用して、友人と自転車で四国一周旅行に挑戦した。途中、台風に見舞われたり、タイヤがパンクしたりと、何度も困難に遭遇した。そんなときには「冷静に計画を見直すチャンス」「気分転換を図れるチャンス」と考え、気持ちを立て直しながら挑戦を続けた。その結果、出発してから8日目に四国一周を達成できた。

下ごしらえメモ
【ねばり強さ】をキーワードにした自分史をまとめる。
【高1】　・バスケットボール部に入部し、毎日練習に明け暮れた。
【高2】　◎友人と自転車で四国一周旅行に挑戦し、達成した。
　※セールスポイントの裏付けとなる体験にできそう！
【高3】　・苦手な教科を克服するために、集中的にその教科の勉強に取り組んだ。

第三部
　私の将来の夢は、旅行会社で旅のプランを作ることだ。そのために貴学人間文化学部歴史文化学科で、日本の文化・歴史を学びたい。中でも、発掘調査、民俗調査、被災文化財の修復などのフィールドワークに取り組めることを何よりも強く望んでいる。こういった調査には、あきらめずに地道な作業を続けるねばり強さが大切なはずだ。貴学歴史文化学科のフィールドワークで持ち前のねばり強さを発揮したい。そうやって得た学びを、将来の夢である旅行企画に役立てたい。

下ごしらえメモ
【将来の夢】　旅行会社で旅のプランを作ること　→　そのために、志望大学の志望学科で学びたい。
【夢とセールスポイントとの関連】　志望学科で取り組む調査には、あきらめずに続けるねばり強さが必要。
【どう活かすか】　志望学科のフィールドワークでねばり強さを発揮し、そこで得た学びを将来の夢につなげたい。
　※ねばり強さを活かして志望学科で学んだことを、将来の夢につなげられそう！

第四部
　以上のとおり、私はねばり強さを貴学での学びで活かし、将来の夢の達成に結びつけたい。

下ごしらえメモ
【セールスポイント】　ねばり強さ　→　【どう活かすか】ねばり強さを活かして学んだことを、将来の夢の実現に結びつける。
　※セールスポイントがあるからこそ、将来の夢を実現できると言えそう！

それでは、皆さんも、準備ワークに書いてきた下ごしらえメモをもとにして、全体のバランスなどに注意しながら、自己推薦書を書いてみましょう。

準備ワーク

第一部から第四部の下ごしらえで書いたことを使って、自己推薦書を書いてみよう。

35 志望理由書・自己推薦書以外の作成書類

　第2章では志望理由書、第3章では自己推薦書の書き方を勉強してきました。

　ここでは、これ以外に作成する書類にはどんなものがあるかや、どうまとめたらよいかについてポイントを紹介しますので、参考にしてください。

◎活動報告書

　活動報告書は、あなたがこれまで行った活動の内容（部活動、取得した技能・資格、スポーツ・文化活動の実績）を数字と実績で簡潔に報告するものです。右の例を参考に書いてください。

　各名称は略さずに書くのが原則です。文頭をそろえて書きます。年号は和暦と西暦を混ぜずに、書類全体でどちらかに統一しましょう。文章で活動を報告する場合は右下の書き方を参考にしましょう。

◎エントリーシート

　総合型選抜の場合には、出願前に面談を行うことがあります。この面談のための資料が、エントリーシート（あるいは面談シート）です。たいてい氏名、住所、出身校などの基礎情報に加え、志望理由や自己アピールを書く欄があります。ここには、もちろん本書でこれまで学習してきた志望理由書、自己推薦書の内容をそのまま書けばよいのですが、欄が小さく、せいぜい200字くらいしか書けません。そのため、それぞれの第一部は必須としても、そのほかの内容は、絞り込んで伝えることになります。

　時間が許すのであれば、エントリーシート対策としても、基本構成に従って、600〜800字くらいの志望理由書、自己推薦書を書くことを勧めます。エントリーシートは面談のための資料で、記入した内容については必ず質問をされます。シートに記入した内容についてストレートに尋ねるというより、行間を突いてくる質問が多いようです。そのため、600〜800字できちんと仕上げていれば、面談での回答対策も万全でしょう。

◎課題作文

　課題作文は、志望理由を書くものであったり、ある課題に対する小論文であったりします。論理的にしっかりとまとまっていて、深い内容のものを目指しましょう。提出資料ですので、時間はたっぷりかけられます。最善を尽くして仕上げることで、意欲もアピールできます。

活動報告書の例

[クラブ活動歴]

所属クラブ	吹奏楽部	(校内)・校外)	役職	パートリーダー
種目・ポジション等	アルトサックス		在籍時活動年数	3年間

[その他のクラブ活動歴]

所属クラブ	社会活動委員会	(校内)・校外)	役職	会計
種目・ポジション等			活動期間	1年～2年

[活動実績]

競技種目等の名称	吹奏楽	(校内・(校外))	資料番号欄
自己ベストの大会名等	○○県　高校生吹奏楽コンクール　　（令和 ○ 年 11 月）		
記　録　・　結　果	入賞		①
上 記 以 外 の 活 動 実 績（出場大会・コンクール・発表会などの活動内容や成績）			資料番号欄
令和△年8月　アメリカ・コロラド州に短期留学（3週間）			
州内の私立高校にて英語を学ぶ			
令和△年4月～令和×年3月　社会活動委員会にてボランティア活動実施			
・老人養護施設訪問（掃除・レクリエーション）			
・募金活動（熊本地震）			
・地元町内での清掃活動			

[取得資格・検定試験など]

令和 × 年 7 月	実用英語技能検定　2級　取得	②

[活動報告書の書き方]

　　第1部　　報告する活動をズバリ書く

　　第2部　　活動の中で特にアピールしたい出来事

　　第3部　　活動から得たもの（どれだけ人間的に成長したか。何を学んだか）

36 面接対策の心得「は・に・わ・こ」①

総合・推薦型選抜の面接での心得として、次の「は・に・わ・こ」を意識するようにしてください。

は	恥ずかしがらずに
に	二大メッセージが引き立つように
わ	わかりやすく
こ	好印象を与えるように

ここでは「は」と「に」、P.**084** では「わ」と「こ」の心得について説明します。

は　恥ずかしがらずに

面接室に入ってから退室するまで、どんな回答をする場合でも、恥ずかしがったり、遠慮しすぎたりしてはいけません。面接はわずか数分の間であなた自身をアピールする場です。恥ずかしがっている暇はありません。聞くこと、話すことに集中しましょう。

面接の準備の段階でも、常に「恥ずかしがっていては、よい回答ができない」と自分に言い聞かせてください。

に　二大メッセージが引き立つように

面接は、あなた自身をアピールする場です。特に伝えるべき二大メッセージがあります。それは次の二つです。

- 志望理由
  「将来……したいので、○○大学○○学部を志望する」という、志望大学・学部に行きたい理由
- 自分のセールスポイント
  個性、人柄、価値観などあなたの内面的な特長

つまり、二大メッセージとは、志望理由書、自己推薦書で伝える内容と同じものです。

「うちの大学を志望するのはなぜですか」などと、ストレートな質問のときは、素直に回答すればよいのですが、その他の質問のときにも、二大メッセージが引き立つ回答ができないかと考えてみましょう。

もちろん何が何でも二大メッセージと結びつける必要はありません。しかし、面接の準備をするときにこのことを頭の片隅に置いておくと、何が結びつけられそうかも見えてきます。面接全体を通じて二大メッセージをアピールすることで、あなたの魅力を印象強く伝えられます。

基 本 練 習

答えは別冊9ページ

次の面接での回答は、悪い例である。どこが悪いのかを、指摘しよう。

Q「本学を志望した理由は、何ですか」
A
① 「あまり自信がないので言いたくないのですが、できれば将来は弁護士になれれば、と思います。間違っているかもしれませんが、弁護士になれば弱い立場の人を守ってあげられるような気が何となくするからです。間違っていたら許してください」

[ ]

② 「私は将来市役所などで働く地方公務員になりたいと思います。志望理由書には弁護士になりたいと書きましたが、よく考えると、弁護士になるには勉強が大変ですし、必ずしも安定した職業といえないように思えてきました。安定しているのは公務員ですので、公務員試験にも役立つという理由で貴学法学部を志望します」

[ ]

Q「趣味は何ですか」
A
③ 「大学の先生にお伝えできるほどの、立派な趣味はもっていません」

[ ]

④ （志望理由書で、チーム医療の大切さについて述べた看護学部志望者の回答として）
「一人で買い物に行くことです。実は人付き合いがあまり得意ではないため、休日は苦手な人付き合いを避けて、一人で買い物を楽しむようにしています」

[ ]

37 面接対策の心得「は・に・わ・こ」②

では次に、「は・に・わ・こ」の「わ」「こ」について説明します。

わ わかりやすく

どんなに優れた考えをもっていても、面接官に伝わらなければ意味がありません。何も考えていない人と同じ評価になってしまいます。次の二つをおさえ、わかりやすく伝えるよう心がけましょう。

> ・絞りこむ
> 一つの質問に対して、回答はできる限り一つに絞ります。あれもこれも言わないことです。
> ・具体的に
> なるべく具体的に伝えます。抽象的な説明の仕方をした場合には、できる限り具体例を添えて補足します。高校の行事、部活動、趣味など、部外者には状況がわかりにくいことについては、その点に気を配りながら、具体例で補足説明をしてください。

こ 好印象を与えるように

どう答えると、面接官に好印象を与えられるかを考えて、面接の準備をすることも大切です。好印象を与えるように伝えるコツは、次の三つです。

> ・「求める学生像（アドミッション・ポリシー）」とのマッチングを意識する
> 志望大学・学部で学ぶのにふさわしい人物として印象づけられないかを、少し考えてみてください。大学の「求める学生像（アドミッション・ポリシー）」にキーワード（たとえば「協調性」「意欲的」など）があれば、それを少し意識しながら面接の準備をしてみましょう。ただ、やりすぎると自分らしくなくなる恐れもあります。「可能であれば」「少しだけ」と、ブレーキをかけながら試みてください。
> ・もう一歩踏み込む
> 一歩踏み込んだ回答を準備してください。積極性や意欲をアピールできます。たとえば、長所を聞かれたときに、単に「こつこつ努力できる」とだけ答えるのではなく、「どんな場面で努力をしたのか」「努力を続けるコツ」など、もう一歩踏み込んだ内容も答えられるように準備しましょう。
> ・プラスイメージで締めくくる
> 自分のマイナス面を語るときには、克服のための心がけ、将来の努力目標なども伝えて、前向きな姿勢をアピールして締めくくります。短所を聞かれたら、短所を答えると共に、それをカバーするために日頃から注意していることなども述べるとよいでしょう。

P.087からの準備ワークでは、実際に自分の面接の回答を作成します。

自分の面接の回答を書いたら、声に出して読んでみましょう。言いにくい箇所などがあればどんどん直してください。準備ワークで書くのは、あくまで回答のたたき台と考えましょう。

基 本 練 習

答えは別冊9ページ

次の面接での回答は、悪い例である。どこが悪いのかを、指摘しよう。

Q「高校生活で、特に印象に残っている思い出は何ですか」
A
①「多くの人の役に立てたことです」

$$\Big[\qquad\qquad\qquad\qquad\qquad\qquad\qquad\qquad \Big]$$

②（志望大学・学部のアドミッション・ポリシーで、「協調性のある人物」を求める学生像に挙げている場合）
「私は陸上部に所属し、走り幅跳びを専門にしていました。走り幅跳びを専門とする部員が他にいなかったために、私は3年間ほとんど一人で練習をしてきました。孤独に努力してきたおかげで、3年生のインターハイ予選で目標の記録に到達できました。その目標達成の瞬間が、最高の思い出として記憶に残っています」

$$\Big[\qquad\qquad\qquad\qquad\qquad\qquad\qquad\qquad \Big]$$

Q「あなたの短所は、何ですか」
A
③「引っ込み思案で、落ち着きがなく、協調性に欠けるところがあり、周囲に溶け込むのにも時間がかかります。また、優柔不断で、ミスをすると混乱してしまうところもあります」

$$\Big[\qquad\qquad\qquad\qquad\qquad\qquad\qquad\qquad \Big]$$

④「一度ミスをすると、いつまでもくよくよしてしまう点です。午前中の小論文試験でも、終了の合図のあとに漢字を間違えていたことに気がつき、正直、今面接に集中できません」

$$\Big[\qquad\qquad\qquad\qquad\qquad\qquad\qquad\qquad \Big]$$

38 よくある質問① 志望理由

どの大学の面接でもよく問われる、定番の質問があります。回答例と共に紹介しますので、自分の面接の回答作りの参考にしてください。

Q 「本学を志望した理由は、何ですか」
「なぜ、本学科を志望したのですか」

A1 「私は将来、旅行会社に就職し、訪日外国人観光客のための旅のプランを企画したいという夢をもっています。その夢の実現のために、大学では日本各地の歴史と文化を学びたいと考えました。貴学人間文化学部歴史文化学科では、発掘調査、民俗調査、被災文化財の修復などのたくさんの体験型授業が開講されている点に、特に魅力を感じました。また副専攻制度で、ツーリズム・ホスピタリティの講義を受けられるなど、私の将来の夢に向かって学ぶ環境が整っている点も気に入り、ぜひ貴学人間文化学部歴史文化学科に進学したいと思いました」

POINT 「は・に・わ・こ」解説

は 恥ずかしがらずに夢を伝えている点がよい。

に 二大メッセージの一つ、志望理由をズバリ伝えられていてよい。

わ 「その夢の実現のために」と、将来の夢と学科での学びを結びつける説明を入れているのがよい。夢の実現のために歴史文化学科を志望する理由が、具体的で、わかりやすく伝わってくる。

こ 大学の特色ある学びに言及することで、他大学の歴史文化学科でなく、この大学の歴史文化学科を志望する強い気持ちが伝わる。このような大学の特色に対する思い入れには、大学の先生は好印象をもつ。

A2 「私は発達心理学を学び、日本の子どもはなぜ自尊感情が低いのかを研究したいと考えています。貴学教育人間科学部は、教育学と心理学の両学問から多くを学べる環境にあります。私の研究したいテーマでは、心理学のみならず教育分野の見識を広めることが重要だと考えています。以上の理由から、貴学教育人間科学部心理学科は私にとって最適の学びの環境であると考えました」

POINT 「は・に・わ・こ」解説

は 恥ずかしがらずに希望する研究テーマを伝えている点がよい。

に 二大メッセージの一つ、志望理由をズバリと伝えられていてよい。

わ 発達心理学という学びたい分野をただ伝えるだけで終わらせず、研究したいテーマを具体的に伝えている点がよい。やりたいことがわかりやすく伝わってくる。

こ 学部の体制に目をつけて、それが自分の望む学びの環境として最適だとアピールしている点がよい。好印象を与える。

準備ワーク

あなたがその大学・学部・学科を志望する理由について、回答してみよう。

Q「本学を志望した理由は、何ですか」「なぜ、本学科を志望したのですか」

A「

」

39 よくある質問② セールスポイント

では次に、あなたのセールスポイントについてよくされる質問と、その回答例を紹介しましょう。

Q 「あなたの長所は、何ですか」

A1 「私の長所は、チームの協調性を高められる点です。チーム内の協調性を高めることで、一人では達成できない大きな目標を達成する原動力にすることができます」

> **POINT** 「は・に・わ・こ」解説
> **は** 恥ずかしがらずに自分の長所を伝えられている点がよい。
> **に** 二大メッセージの一つ、自分のセールスポイントをズバリと伝えている点がよい。
> **わ** 協調性のもたらす効果までを説明しているので、長所がよりわかりやすく伝わってくる。
> **こ** 大学での研究などでも協調性を求められる場合が多くなっているので、好印象を与える。

A2 「私の長所は、ねばり強さです。目標を立てたら、どんな困難に遭遇しても、達成するまであきらめずに努力することができます」

> **POINT** 「は・に・わ・こ」解説
> **は** 恥ずかしがらずに自分の長所を伝えられている点がよい。
> **に** 二大メッセージの一つ、自分のセールスポイントをズバリと伝えている点がよい。
> **わ** 「ねばり強さ」について、「目標を立てたら、……」とわかりやすく言い換えて説明している点がよい。
> **こ** 単に長所を一言で述べるだけでなく、「目標を立てたら、……」と一歩踏み込んで伝えているので説得力がある。大学でもしっかりと勉学・研究に励むことができそうであるという好印象を与える。

面接では、次のように、一歩踏み込んだ回答を要求される場合もあります。

Q 「あなたの長所は、何ですか。また、その長所を大学生活でどう活かしたいと思いますか」

A 「私の長所は、ねばり強さです。目標を立てたら、どんな困難に遭遇しても、達成するまであきらめずに努力することができます。私は貴学歴史文化学科での学びの中でも、発掘調査、民俗調査、被災文化財の修復などのフィールドワークを行うことを、何よりも強く望んでいます。こういった調査では、あきらめずに地道な作業を続けることが大切だと思います。フィールドワークで、持ち前のねばり強さを発揮したいと思います」

準備ワーク

あなたの長所について、回答してみよう。

Q「あなたの長所は、何ですか」

A「

40 質問シミュレーション「ぐ・り・い・ち」

　よくある質問の回答を用意したら、その回答に対して、次になされる質問はどんなものかを考えます。さらに、その考えた質問の回答も考えます。質問→回答→質問→回答……と繰り返す練習を、本書では「質問シミュレーション」と呼びます。

　自分の回答に対するさらなる質問を考えるには「ぐ・り・い・ち」を手がかりにするとよいでしょう。では、P.086とP.088で紹介した「志望理由」「セールスポイント」の回答例を用いて、質問シミュレーションをしてみましょう。皆さんも自分で質問を考えてみましょう。

ぐ 具体的な内容を聞く

「具体的に……」「どのような……」「たとえば……」「特に……」などのフレーズを使った質問です。

例

A「私の長所はねばり強さです。目標を立てたら、どんな困難に遭遇しても、達成まであきらめずに努力することができます」

Q「たとえば、これまでどんな目標をもって、ねばり強く努力した経験がありますか」

A「高校2年生の夏休みに友人と自転車で四国一周旅行に挑戦した経験があります。途中、台風に見舞われたり、タイヤがパンクしたりと何度も困難に遭遇しましたが、それにめげず、出発してから8日目に四国一周を達成しました」

り 理由を聞く

「なぜ……」「どうして……」などというフレーズを使って、理由、根拠、原因、意義などを問う質問です。

例

A「私は発達心理学を学び、日本の子どもはなぜ自尊感情が低いのかを研究したいと考えています」

Q「今現在、あなたは日本の子どもの自尊感情が低いのは、なぜだと考えますか」

A「日本の学校教育のあり方に、原因があるのではないかと推測しています」

い 意志を確かめる

志望理由や、ある問題に対する意見などについて、意志の固さや考えの確かさを問う質問です。

例

A「私は将来、旅行会社に就職し、……ぜひ貴学人間文化学部歴史文化学科で学びたいと思いました」

Q「旅行会社への就職を考えるなら、他大学の観光学部を目指したほうがいいかもしれませんよ。本当に本学の歴史文化学科への進学でよいのですか」

A 「学生時代は、日本各地の歴史・文化を学ぶことに力を注ぎたいと思います。深く学ぶのは学生時代にしかできないと思います。とことん学んだことは、必ず社会に出てからプラスになると思います」

ち 知識を問う

自分の回答の内容を本当に理解しているかや、言葉の意味、回答の内容の背景知識を尋ねる質問です。

例

A 「私は将来、旅行会社に就職し、……貴学人間文化学部歴史文化学科には、発掘調査、民俗調査、被災文化財の修復などのたくさんの体験型授業が開講されている点に特に魅力を感じました」

Q 「あなたの回答の中にあった言葉から、一つについて尋ねます。民俗調査というのは、たとえばどんなことを調査するのかを説明してください」

A 「風俗、習慣、伝説、民話、生活用具、家屋などから、庶民の物質生活・精神生活の推移や変遷を調査します」

質問シミュレーションは、自分の回答に奥行きと柔軟性を与えることがねらいです。そうすることで、予想とは違う角度からの質問にも回答できるようになります。

準備ワーク

あなたの「志望理由」「セールスポイント」について、質問シミュレーションを行おう。

① P.**087** の「志望理由」についての質問シミュレーション。

Q [   ]

A [   ]

② P.**089** の「長所（セールスポイント）」についての質問シミュレーション。

Q [   ]

A [   ]

41

よくある質問③　高校時代の生活1

では、「志望理由」「セールスポイント」以外についての、よくある質問の回答作りにも挑戦しましょう。

ここからは、回答例には「は・に・わ・こ」の視点での解説と共に、「ぐ・り・い・ち」をベースにした質問例も紹介しています。参考にしてください。

Q 「高校時代の生活の中で、一番の思い出は何ですか」

A 「高校2年生の夏休みに、友人と自転車で四国一周旅行に挑戦したことです。途中、台風に見舞われたり、タイヤがパンクしたりと、何度も困難に遭遇しましたが、『冷静に計画を見直すチャンス』『気分転換を図れるチャンス』と、気持ちを立て直しながら挑戦を続けました。あきらめずにがんばったかいがあり、出発してから8日目に四国一周を達成できました」

ＰＯＩＮＴ　「は・に・わ・こ」解説

に　思い出を語りながら、「ねばり強さ」というセールスポイントをアピールしている点がよい。

わ　単に旅行でなく、自転車、四国一周と具体的に紹介している点がよい。どんな困難に遭遇したか、どう気持ちを立て直したかなども具体的でわかりやすい。

こ　ねばり強さと共に、行動力、チャレンジ精神なども伝わり、好印象を与える。

★質問シミュレーション「ぐ・り・い・ち」

ぐ　「困難に遭遇したとき、友人とはどんな会話をしましたか」

り　「どうして、自転車で四国一周をしてみようと思ったのですか」

準備ワーク

　あなたの高校時代の生活についての質問に回答し、それに対する質問シミュレーションを行おう。

Q「高校時代の生活の中で、一番の思い出は何ですか」

A「

」

★質問シミュレーション

Q [

]

A [

]

Q [

]

A [

]

質問は「ぐ・り・い・ち」
を意識して考えよう。

Q 「高校時代に最も力を入れたことは、何ですか」

A 「私はバトントワリング部の活動に最も力を入れて取り組みました。高校2年生の夏から部長として、総勢40名の部員をまとめました。各自が役割分担や練習の流れを把握できるように、配付プリントとパワーポイントを使いながら説明に工夫をしました。そのかいがあって、40名全員で意識の共有を図ることができ、結果的にそれが演技の一体感に結びつきました。目標だった全国大会出場の夢は果たせませんでしたが、私はバトントワリング部の活動にとても満足しています」

POINT 「は・に・わ・こ」解説

に セールスポイントがリーダーシップや協調性だとしたら、それをうまくアピールできている。

わ 部長として部員全員をまとめ上げた方法が、具体的に伝えられていてよい。

こ 全国大会出場という夢は果たせなかったという話で終わりにせず、自分なりの達成感を得られたと締めくくっていて、前向きな姿勢が好印象を与える。

★質問シミュレーション「ぐ・り・い・ち」

ぐ 「バトントワリングの練習とは、具体的にどんな流れで進めるのですか」

ぐ 「バトントワリングでは、どんな場面で一体感が大事なのですか」

り 「あなたが高校で、バトントワリング部に入ろうと思った理由は何ですか」

準備ワーク

　あなたの高校時代の生活についての質問に回答し、それに対する質問シミュレーションを行おう。

Q「高校時代に最も力を入れたことは、何ですか」

A「

　　　

　　　
」

★質問シミュレーション

Q [

A [

Q [

A [

よくある質問⑤ 大学生になったら

Q 「大学生になったらやってみたいことは、何ですか」

A 「英語圏の国に留学したいと思います。高校2年生の夏休みにイギリスに短期留学をした際に、留学先で出会った友人に対し、日本の文化についてほとんど説明ができず、悔しい思いをしました。大学1年生の終わりまでに語学力の向上を図ると共に、貴学歴史文化学科のさまざまな科目を通じて、日本文化への造詣を深め、留学先で日本文化を紹介することに挑戦したいと思います」

POINT 「は・に・わ・こ」解説

は 留学先で悔しい思いをしたことを、隠さず伝えている点がよい。

わ どうして悔しい思いをしたのかを具体的に説明できている点と、留学に向けた大学入学後の具体的なプランを伝えている点がよい。

こ 留学の目的を果たすうえで、学科での学びが重要であることを認識している点が好印象を与える。

★質問シミュレーション「ぐ・り・い・ち」

ぐ 「具体的にどの国、どの都市に留学したいと思いますか」

ぐ 「日本文化の中で、特に外国人に紹介したいものは何ですか」

Q 「学業以外で、大学生になったらやってみたいことは、ありますか」

A 「貴学のダンス部に入部して、ダンスの技術を磨きたいと思います。貴学の学園祭でダンス部の発表を見たときに、その技術力の高さと斬新な振り付けに圧倒されました。後日、オープンキャンパスでダンス部の方とお話しする機会がありましたが、振り付けはオリジナルであり、部員同士で体を動かしながら試行錯誤すると聞いて、私もぜひその仲間に加わりたいと思いました」

POINT 「は・に・わ・こ」解説

わ ダンス部に入りたいと思ったきっかけを、具体的に伝えているのがよい。

こ 学園祭やオープンキャンパスに足を運んでいると話すことで、大学に対する思い入れが自然に伝わって好印象を与える。

★質問シミュレーション（「ぐ・り・い・ち」

ぐ 「学園祭で、ダンス部以外の催しで興味を抱いたものはありますか」

ぐ 「オープンキャンパスについて、どのような感想をもちましたか」

準備ワーク

　大学生になったらやってみたいことの二つの質問に回答し、それぞれに対する質問シミュレーションを行おう。

Q「大学生になったらやってみたいことは、何ですか」
A「

　　　　　　　　　　　　　　　　　　　　　　　　　　　　　　　　　　　　　　」

★質問シミュレーション

Q [

]

A [

]

Q「学業以外で、大学生になったらやってみたいことは、ありますか」
A「

　　　　　　　　　　　　　　　　　　　　　　　　　　　　　　　　　　　　　　」

★質問シミュレーション

Q [

]

A [

]

44 よくある質問⑥　趣味・読書

Q 「趣味は何ですか」

A 「ドキュメンタリー映画を観ることです。高校1年生のときに、学校の上映会で『千年の一滴　だししょうゆ』という映画を観て、ドキュメンタリー映画の面白さを発見しました。この映画は和食の知恵である、だしとしょうゆの仕上げ方について、海や山の恵みをもらうところから丁寧に紹介していました。日常的に当たり前に使っている調味料に、こんなにすごい世界が隠されているのだと、とても感動しました。この映画との出合いをきっかけに、ドキュメンタリー映画を自分で探して観るようになりました」

POINT 「は・に・わ・こ」解説

に 志望理由が「映画」あるいは「食」に関連しているとしたら、二大メッセージのアピールに成功している。

わ ドキュメンタリー映画に興味をもつきっかけとなった作品を、具体的に挙げている点がよい。

こ きっかけとなった映画を紹介するだけに留めず、自分なりの感想を述べている点が、好印象を与える。

★質問シミュレーション「ぐ・り・い・ち」

ぐ 「そのほか、どんなドキュメンタリー映画を観て面白かったですか」

ち 「だしは、どのような食品を煮て出した汁のことですか」
（栄養学部、農学部志望の場合）

Q 「最近、どんな本を読みましたか」

A 「古荘純一先生の書いた『日本の子どもの自尊感情はなぜ低いのか』を読みました。この本では、日本の子どもの自尊感情の低さは、日本の学校教育の在り方に原因があると分析しています。海外生活を経て日本の中学校に入学した私は、その分析にとても納得しました」

POINT 「は・に・わ・こ」解説

に 読んだ本が志望理由と関連しているならば、二大メッセージのアピールに成功している。

わ 実体験と照らし合わせて著者の分析に納得しているのが、よくわかる。

こ 書籍のテーマについて、真摯に考えている姿勢が伝わってきて好印象を与える。

★質問シミュレーション「ぐ・り・い・ち」

ぐ 「日本の学校教育のどんな点に、子どもの自尊感情を低下させている原因があると思いますか」

ぐ 「日本の中学校に入学したときに、どんなことを思いましたか」

準備ワーク

　あなたの趣味・読書体験についての質問にそれぞれ回答し、それに対する質問シミュレーションを行おう。

Q「あなたの趣味は何ですか」
A「

」

★質問シミュレーション

Q [   ]

A [   ]

Q [   ]

A [   ]

Q「最近、どんな本を読みましたか」
A「

」

★質問シミュレーション

Q [   ]

A [   ]

Q [   ]

A [   ]

45 よくある質問⑦ 短所

自分のセールスポイント、つまり長所を聞かれたら、その反対の短所についても聞かれることはよくあるので、準備しておきましょう。

Q「あなたの短所は、何ですか」

A 「私の短所は、たまに考えすぎてしまうことです。考えすぎて、行動を起こす前に臆病になってしまうことがあります。最近は、臆病になっている自分に気がついたときには、行動するメリットをいくつも頭に思い描き、気持ちがポジティブになるように心がけています」

POINT 「は・に・わ・こ」解説

は 短所を客観視して伝えている点がよい。短所は無理に隠さなくてよい。

に 短所を克服するための心がけを伝えることで、前向きさや努力家であることなどのセールスポイントをアピールすることに成功している。

わ 短所が出るとどうなってしまうのかを、わかりやすく説明できている。

こ 短所の克服法を自分なりに考えて実践している点に、向上心が感じられて好印象を与える。

★質問シミュレーション「ぐ・り・い・ち」

ぐ 「これまで何かについて考えすぎてしまったために、後悔したことはありますか」

り 「何がきっかけで、短所の克服法を見つけましたか」

準備ワーク

あなたの短所について回答し、それに対する質問シミュレーションを行おう。

Q「あなたの短所は、何ですか」

A「

」

★質問シミュレーション

Q [   ]

A [   ]

Q [   ]

A [   ]

46 よくある質問⑧　社会への関心

　最後に、よくある質問として「社会への関心」に関するものの例をご紹介します。日頃から新聞やテレビやインターネットのニュースなどで、社会の動きをチェックしておくことが大切です。気になったニュースがあれば、自分なりにどんな考えや感想をもったのかということも含めて、メモしておくとよいでしょう。

Q 「最近の気になるニュースは、何ですか」

A 「シェア経済の広がりを伝えるニュースに、非常に興味をもっています。私は交通の不便な地域に住んでいるため、現在高校に通学する際は、父か母に車で30分かかる駅まで送り迎えをしてもらっています。ライドシェアがもっと普及すれば、両親に苦労させずに済みます。また、同じ地域に住む高齢者の方々も、買い物や病院に行く場合にとても助かると思います。さまざまなリスクはあると思いますが、シェア経済の広がりには地方社会を救う大きな可能性があると思います」

POINT 「は・に・わ・こ」解説

は ためらわずにズバリと答えている点がよい。時事問題などを聞かれた場合には、うろ覚えのため歯切れが悪くなったり、捉え方が浅はかではないかと心配したりする人もいるようだが、まるっきりでたらめでなければ、多少不正確でもためらわずに伝えるほうがよい。

に これが志望学部に関連する話題であれば、志望理由をアピールする回答になっている。

わ ニュースから考えたことを、実体験を踏まえて伝えているので、わかりやすい。

こ 自分自身のことから地域の高齢者を救う手立てまで考えを広げ、社会的意義についてよく考えていることがわかり、好印象を与える。

★質問シミュレーション「ぐ・り・い・ち」

ぐ 「シェア経済の広がりに伴うリスクとは、具体的にどういった点が挙げられますか」

ち 「ライドシェアという言葉について、説明してください」

準備ワーク

　社会への関心に関する質問について回答し、それに対する質問シミュレーション
を行おう。

Q「最近の気になるニュースは、何ですか」

A「

　　　　　　　　　　　　　　　　　　　　　　　　　　　　　　　　　　　　　　　」

★質問シミュレーション

Q [

]

A [

]

Q [

]

A [

]

日頃から社会
に関心をもつ
ことが大切！

47 第4章 面接トレーニング
適性に関する質問

　医学部・看護学部・教育学部の面接では、適性を推し量るため、次のような質問をされることがあります。

> 「体力に自信はありますか」
> 「あなたは、ミスをしたあとはどんな対処をしますか」
> 「最近『許せない』と思ったことはありますか」

　上記の3学部は職業に直結する学部であり、こうした質問で、その職業に向いているかいないか、その職業を長く続けられるかどうかを見るのがねらいのようです。

　医学・看護・教育の3学部に共通して問われる適性は、次の三つです。

> ● 人に対する優しさをもっているか
> ● 人並み以上のコミュニケーション能力をもっているか
> ● 問題解決型の思考ができるか

　さらに医学部・看護学部では、次の適性も問われます。

> ● 生命尊重の精神をもっているか

　教育学部では、幼稚園（保育園・認定こども園）、小学校、中学校、高校それぞれに対する適性が問われます。さらに、中学校・高校の教員志望の場合には、専門教科を指導するうえでの適性があるかないかを、口頭試問を含めたあらゆる質問で推し量ります。

　なお、各大学どんな医師、看護師、教員を目指してほしいと思っているのかは、大学のパンフレットやホームページを見たり、実際の大学訪問で取材したりしておきましょう。

　では、看護学部の場合を取り上げ、適性に関する回答例を見ていきましょう。

Q 「体力に自信はありますか」

A　「はい、自信があります。高校時代は演劇部に所属していました。文化系の部活動をしていると、運動とは無縁のように思われがちですが、演劇はとても体力が必要ですので、部活動では毎日3キロのランニングを行っていました。そのため持久力もつきましたので、少々のことではへこたれない自信があります」

POINT 「は・に・わ・こ」解説

は 躊躇(ちゅうちょ)なく、はっきり断言していてよい。

に 適性を見る質問に対して、志望理由を支える回答になっている。

わ 体力があることを裏付ける体験を、わかりやすく伝えている。

こ 持久力についても伝えているので、将来看護師としてやっていく体力面での適性は十分あるだろうと感じさせ、好印象を与えている。

★質問シミュレーション「ぐ・り・い・ち」

ぐ 「どんな演劇をやっていたのですか」

り 「どうして、演劇をやるのにそんなに体力が必要なのですか」

い 「看護師の仕事は体力だけでなく、気力が勝負の面もあります。大丈夫ですか」

準備ワーク

適性に関する質問を、志望学部に合わせてシミュレーションしてみよう。

Q 「   」

A 「   」

★質問シミュレーション

Q [   ]

A [   ]

Q [   ]

A [   ]

提出書類から質問シミュレーション

提出書類

出願時には、願書と一緒に次のような書類を提出します。

> ● 調査書
> ● 志望理由書
> ● 自己推薦書

また、総合型選抜では、上記に加えて

> ● 履歴書　　　● 学修計画書
> ● 活動報告書　● 課題レポート
> ● 各種資格の免状（のコピー）
> ● コンクール入賞の賞状（のコピー）

などを提出する場合もあります。これらの書類は、面接官が受験生への質問を考えるときの参考資料になります。

参考資料の種類

参考資料は、次の2種類に分けられます。

> ①志望理由書のように、受験生自身の手で書かれたもの
> ②調査書や賞状などの事実を記したり、証明したりするもの

　①の自分で書くものについては、コピーをとっておくなどして、自分が何を書いて提出したのかを把握しておきましょう。そして、書いた内容と、面接で答える内容に矛盾が起きないように気をつけてください。提出書類にどんなことを書いたのか、その書類で最も訴えたかったことは何かを口頭で説明できるようにしておきましょう。

　②の調査書については開封して見ることはできませんが、各教科の成績や出欠日数などの、見なくてもわかる情報は把握しておきましょう。賞状（のコピー）などを提出する場合は、大会名、順位などの記載内容をおさえておくとよいでしょう。

　以上、提出書類について基本的なところをおさえたら、「ぐ・り・い・ち」をベースに各書類について質問と回答をシミュレーションしてみてください。

準備ワーク

各書類に対して、質問シミュレーションしてみよう。

★書類名

★質問シミュレーション

Q [　　　　　　　　　　　　　　　　　　　　　　　　　]

A [　　　　　　　　　　　　　　　　　　　　　　　　　]

Q [　　　　　　　　　　　　　　　　　　　　　　　　　]

A [　　　　　　　　　　　　　　　　　　　　　　　　　]

★書類名

★質問シミュレーション

Q [　　　　　　　　　　　　　　　　　　　　　　　　　]

A [　　　　　　　　　　　　　　　　　　　　　　　　　]

Q [　　　　　　　　　　　　　　　　　　　　　　　　　]

A [　　　　　　　　　　　　　　　　　　　　　　　　　]

49 面接の所作の注意事項

面接では、振る舞い方に神経質になりすぎる必要はありませんが、やはり、面接官の先生が不快に思うような態度、しぐさ、言葉遣いをしてはいけません。以下のことに気をつけましょう。

◎視線

緊張していても、面接の先生が怖い顔をしていても、意識して面接官の目（目を合わせることがどうしてもできない場合は、喉のあたり）を見るようにしましょう。

面接官が複数のときは、質問した人に視線を向けて話せばよいのですが、ときどきその他の面接官にも視線を移してください。質問されたときは話し手の目を見て聞くようにしましょう。

他の受験生と共に面接を受ける場合には、自分以外の受験生と面接官のやりとりのときに、うつむいたりそっぽを向いたりせず、話をしている人に視線を向けるようにしましょう。

◎姿勢

姿勢がよいほうが、真面目さや明るさが伝わります。頭のてっぺんからピンと張った糸が伸びて引っ張られているのをイメージしてください。首筋や背筋がすっと伸びた感じがつかめるはずです。首筋が伸びたイメージをもてない人は、肩が一緒に上がってしまっているのだと思います。糸で吊られたイメージを保ちながら、肩をゆっくり下げましょう。そして正面を見てください。姿勢が気になる人は、面接室の椅子に座ったときに、このイメージをもつように心がけてください。自分の立ち姿や座ったときの様子を動画に撮って、自分で確認するとよいでしょう。

◎言葉遣い

「ウザい」「めっちゃ」「…っていうか」などの、くだけた若者言葉の使用は慎みましょう。

「先生が申していたこと（正しくは「おっしゃって」）」などの謙譲語と尊敬語の混同や、「お話しをさせていただきました先生が、おっしゃっていましたお言葉にございますように」などの敬語の乱用をしないように注意しましょう。

また、「えーとー」などの言いよどみをできる限り減らしましょう。

言葉遣いは自分でチェックするのには限界がありますので、ぜひ誰かのチェックを受けてください。ただ、言葉遣いの問題を完璧にクリアにできなくても心配いりません。大学入試の面接で言葉の使い方をミスして全てを台無しにするということは、まずありません。試験前日までに、まずい点が一つでも二つでも発見できて改善できれば、それでよしとしましょう。

◎身なり

服装の乱れに注意しましょう。シャツが出ていないか、ボタンが外れていないかなどは、面接の練習の段階から、面接前に必ず鏡で確認する癖をつけるとよいでしょう。制服のない学校の生徒は、制服に準じた服装を用意してください。

また、前髪は目を覆わないようにしましょう。目を隠すと、視線による前向きな意欲のアピールができないうえに、暗い印象を与えてしまいます。

視線

面接官の目を見る

質問をした面接官以外にも視線を移す

話をしている人を見る

姿勢

頭のてっぺんからピンと張った糸で引っ張られているイメージで

猫背にならないように

肩を上に思い切り上げる

ゆっくり肩を下げていく

身なり

① 清潔な印象を与える髪型
② ピアスはしない
③ 制服またはブレザー
④ マニキュア（ネイルアート）はしない

⑤ 靴下は白・黒・グレー・紺
⑥ 靴は事前に磨いておく
⑦ スマートフォンの電源は完全に切る

入室

礼をする

コンコン

失礼します

退室

ありがとうございました

失礼します

静かに閉める

50 面接形式別注意事項

個人面接

受験生1名に対して、面接官が1名以上の形式です。面接官は2名か3名のことが多く、この場合には主に、一人の面接官がよく質問をして、その他の面接官が観察するということが多いようです。

【注意】

質問してきた面接官の目をしっかり見ましょう。回答をするときは当然、質問をした面接官を見ますが、ときどきその他の面接官にも視線を移してください。

グループ面接

受験生数名に対して、面接官が1名以上の形式です。

【注意】

発言に消極的にならないように心がけておきましょう。均等に質問を振っているようでも、どうしても発言内容の面白い受験生に時間がかけられてしまいがちです。恥ずかしがって満足にアピールできなかったら、

悔いが残ります。グループ面接では誰よりも積極的に発言するつもりで臨んでください。

とはいっても、他の受験生と面接官のやりとりを無視してはいけません。他の受験生のやりとりの際に、そっぽを向いていたり、うつむいていたりすると、それだけで悪い印象を与えてしまいます。面接官によっては、他の受験生とやりとりしていた話を、突然別の受験生に振ることもあります。自分が発言していない間も、態度を審査されていることを忘れずに、目と耳はしっかり働かせておきましょう。

ディスカッション

ディスカッションは、司会者の進行のもと、あるテーマについて議論する形式です。司会者は大学の教員が行う場合と、受験生の一人に任せる場合があります。司会者と司会者以外の発言者では、当然注意点が異なりますが、ここでは主に発言者の注意事項を紹介します。

●どっちつかずの発言をしない

議論の場では、どの立場に立つかを決めて発言しましょう。そうしないと発言に説得力が出ません。

●暴論を吐かない

議論が行き詰まると、乱暴に決めつけるような発言をする人がいます。もちろん議論を拒否したらその時点で失格です。いらだつ気持ちを我慢して、何とか議論に加わろうとする姿勢が大事です。

- 他の人の意見に耳を傾ける

　限られた時間の中で、自分の意見をアピールするように努める必要はありますが、そうかといって、他の人の話をさえぎったり、無視したりしてはいけません。司会者及び他の発言者の話に耳を傾けることが大切です。そして、他の発言者の意見を受けて発言できたら、評価が高まると思ってください。

- 本題からの逸脱に気をつける

　議論はしばしば本題から逸れることがあります。調整するのは司会者の仕事ですが、司会者がなかなか軌道修正をしない場合には、発言者がタイミングを見計らって、議論を本来のテーマに戻す促しを行っても構いません。成功すればもちろん評価は高まるでしょう。

　面接官が司会者の場合、議論が本題からずれてもあえて指摘しないこともあります。そのまま誰も気づかずに的外れな結論に至った場合には、そのグループ全員が不合格になる場合があります。したがって、本題からの逸脱に気づいたら遠慮せずにそれを指摘して、話を本題に戻すようにしましょう。

プレゼンテーション

　プレゼンテーションは、事前に準備した内容を発表する形式です。早めに準備を始めましょう。

- 台本づくりから始める

　いくら発表が得意でも、中身が空っぽでは高評価を得られません。伝える内容を整理し、深めるためにも、まずは台本を書きます。書き上がったら、声に出して読みながら、言いにくい箇所を直すなどの調整をします。

- テーマは絞り込んで、最初にわかりやすく伝える

　どんな内容を発表する場合にも、最初にメインテーマをはっきり示すことが大切です。それをしないと、何の話なのかがいつまでたっても聞き手に伝わりません。

- 重要事項は繰り返す

　メインテーマはもちろんのこと、キーワードや重要事項は発表の中で繰り返し出すようにします。特に訴えたい内容は、要所要所で繰り返すとよいでしょう。

- タイムを計る

　書きまとめたものを実際に声に出して言ってみると、結構時間がかかります。想定より時間がかかった場合には、話し方がゆっくりすぎないか、無駄な話をしていないか、前提となる話が丁寧すぎないかなどをチェックします。重要度の低い部分は思い切って削りましょう。

51 面接当日の心構え

　最後に、面接当日の心構えを紹介します。これまで準備してきたことに自信をもって、落ち着いて臨むことが大切です。

◎はっきりした態度で

　面接で、何よりマイナスの印象を与えるのは、はっきりしない態度です。 質問されているのに、うつむいて黙り込んでしまったりすると、答えがわからないのか、不真面目だったり緊張しすぎたりしているのかがわからず、よい印象を与えません。質問への回答がわからないなら「わかりません」、口頭試問の答えがわからなければ、さっさと観念して「申し訳ございません。勉強不足のため、答えられません」、質問を聞き逃したら「すみません。聞き逃しました。もう一度質問をお聞かせください」などのように言って、**はっきりと自分の意思を伝えるようにしましょう。**

◎受け身にならない

　どんな場面でも、受け身になってはいけません。**面接はあなたがあなた自身を大学に売り込むために用意された場なのです。** たとえば、グループ面接で自由に発言する機会を与えられているにも関わらず、他の受験生の意見にうなずくばかりで自ら発言しようとしないようではダメです。恥ずかしがったり、怖気づいたりしている場合ではありません。積極的に発言し、自分をアピールしましょう。

◎話をさえぎらない

　そうかといって、グループ面接やディスカッション形式の面接では、他の受験生の発言をさえぎらないように注意しましょう。最後まで聞いたうえで「私も今の意見に同感です。なぜなら……」というように、前の発言者の意見を受け止めた発言ができると好印象を与えることができます。このこともあわせて覚えておくとよいでしょう。なお、面接官の質問についても同様に、最後まできちんと聞くことを心がけましょう。

試験会場で手を見ながら、面接当日の心がまえを思い出そう！

◎筆記試験後にメモ

　「今日の小論文はちゃんと書けましたか？」などのように、面接前に行われた筆記試験の出来を尋ねられる場合があります。そこで、小論文でも英語でも、まず試験が終了したら、自分が書いた内容を思い出し、メモ書きをしておきましょう。頭の中で整理するだけでも結構です。そうすれば、筆記試験の内容に関する質問を受けた場合に、適切に答えられます。

◎満点が取れなくてもよい

　面接での回答の全てがパーフェクトで、立ち居振る舞いも非の打ちどころがない、ということはまずあり得ません。失言の一つや二つは必ずある、というくらいに思っておきましょう。大切なのは、失敗をあとまで引きずらないことです。気持ちを切り替え、次の質問に気持ちを集中させましょう。

合格

課題文の読み取りのコツ①

第1章では、与えられた課題（テーマ）について書くタイプの小論文を例に、小論文の書き方を説明しました。もちろん、大学入試ではそのようなタイプの小論文問題もたくさんありますが、実際の大学入試の小論文問題で最も多いのは、課題文が与えられ、それについて論じるタイプの問題です。この章では、そのような問題について学びます。

まず、次の課題文の例を読んでください。これ以降、この文章を例に解説していきます。

例

1 しばらく前、耳にしない日がなかったほど大流行した歌があった。「オンリーワン」という最後の歌詞が印象的な歌だ。

2 もしかしたら、今の若い人の中にはこの歌を知らない人がいるかもしれない。題名は『世界に一つだけの花』。かつての大人気グループSMAPが歌っていた。そこには、「一番にならなくていい。一人一人違うのだから、他人と比べるのではなく、自分らしさを大事にすれば、それでいい」というメッセージが込められていた。

3 最近では、この歌を耳にする機会は減ったが、ここに歌われる心は日本人の中に定着したように思う。

4 もちろん、この心は大事だ。人間にとって最も大切なのは、自分らしく生きることだ。ナンバーワンになろうとしてあくせくするのはむなしい。人は、ナンバーワンでなくても、一人一人が大切な存在だ。だから、自分らしくいられることを大事にする必要がある。

5 とはいえ、私はこの歌があれほど大流行し、多くの人がこの思想を心から信じていることには、居心地の悪さを感じる。

6 たとえば、オリンピック。選手たちは金メダルを目指して努力する。高校野球でも優勝を目指す。言うまでもなく、一番になろうとして必死に努力している。だから、選手たちの姿は美しく、見ている人は感動する。一番になろうとして努力をするうちに、一人一人の個性が磨かれ、自分らしさが身についてくるのだ。

7 スポーツに限らない。勉強に励む人、芸能で才能を発揮しようとする人、会社に入って仕事をする人など、多くの人がトップになることを目指す。そのように努力を惜しまない人が成功する。この『世界に一つだけの花』の作詞者・作曲者も、そして歌ったグループも、誰もが一番になろうと努力したのではないか。その結果として、自分らしさを発揮して、このような多くの人に歌ってもらえる歌を作ることができたのではないか。しかし、この歌の心をそのまま生きた人は、自分らしくすればよいと考えて、競争を拒否し、向上しようとせず、努力も怠って、自分らしさを発揮できないまま終わるのではないか。

8 人それぞれの生き方や在り方を何よりも尊重すべきだ、とは私も思う。しかし、一番になろうとして努力する時期があっていい。それがあってこそ、自分らしさが身につくと思うのである。

課題文について論じる小論文問題も、書き方は第1章で説明した基本的な小論文と変わりません。課題文の読み取りが求められる小論文問題と考えればよいのです。

ですから、まず課題文をきちんと読み取らなければなりません。読み取れないと、的外れになってしまいますので、きちんと読み取りましょう。とはいえ、現代文の問題を解くときのようにくわしく読解する必要はありません。ほとんどの場合、その文章で伝えたいことは何なのかを捉えられればよいのです。

課題文の読み取りには、次のようなコツがあります。

まず、何に反対しているかを考えながら読む

　ある主張をする文章は、ふつう何かに反対する意見を述べています。「このようなことを言う人がいる。しかし、私は反対だ」「このようなことが起こっている。しかし、私は好ましくないと思う」などのパターンで書かれています。ですから、常に「この文章は何に反対しているのか」と考えながら読んでください。

基本練習　答えは別冊10ページ

次の主張は、どのようなことに対して反対しているか。考えて書いてみよう。

① 「AI（人工知能）にはできない労働が、たくさんある」

「［　　　　　　　　　　　　　　　　　　　　　　　　　　　　　］」という考えに反対。

② 「日本語は、家族や周囲の人との会話によって話せるようになったのだから、英語もそのようにして覚えるべきだ」

「［　　　　　　　　　　　　　　　　　　　　　　　　　　　　　］」という現在の状況に反対。

③ 「文系の人でも、数学を学ぶことによって身につけた論理的な思考力が社会に出て役に立つ」

「［　　　　　　　　　　　　　　　　　　　　　　　　　　　　　］」という考えに反対。

53 課題文の読み取りのコツ②

課題文を四部構成にあてはめてみる

　課題文を読んでわかりにくいときには、小論文の基本である四部構成を念頭に読むことをお勧めします。論文タイプの文章はほぼ全て、それ以外のものでも多くの文章が、「問題提起・意見提示・展開・結論」という四部構成になっています。

　つまり、ほとんどの文章で、初めの第一段落か第二段落が問題提起になっているということになります（ただし、「……だろうか」とストレートに問題提起するよりも、結論で始める形だったり、問題提起をほのめかすだけだったりすることのほうが多い）。意見提示は、基本的に「確かに、……しかし──」という形になっていることが多いでしょう。そして次に、展開でその根拠を示し、自分の論を深めています。つまり、展開している。そして、最後の段落で結論としてまとめをしています。

　P.114の課題文の例の場合、初めの①～③段落が「問題提起」にあたります。はっきりと問題提起をしているわけではありませんが、全体を読んでみると、この部分で何を論じようとしているかはわかるでしょう。この部分をまとめると、「一番にならなくていい、自分らしさを大事にすればいいというメッセージは好ましいのか」となります。

　次の④・⑤段落が「意見提示」にあたります。④段落の初めの「もちろん」が「確かに」の代わりとして使われ、⑤段落の最初の「とはいえ」が「しかし」の代わりになって、「もちろん……。とはいえ──」というふうにつながっていると考えると、わかりやすいでしょう。つまり、この部分は、「確かに、この歌の心は大事だが、私はこれに居心地の悪さを感じる」とまとめられます。

　そして、次の⑥・⑦段落が「展開」で、「一番になろうとして競争してこそ、自分らしさを発揮できる。自分らしくすればよいと考えていると、努力しなくなる」とまとめられます。

　最後の⑧段落が「結論」で、「一番になろうとして努力する時期があっていい」と断言しています。

キーワードの意味を正確に捉える

　四部構成にあてはめたら、次にキーワードを見つけて、その意味を正確に捉えるようにしましょう。ほとんどの場合、最も多く出てくる言葉がキーワードです。ただし、そこに特殊な意味が込められている場合があるので、注意する必要があります。

　この例文では、「オンリーワン」がキーワードです。そのほか、「自分らしさ」「一番」もキーワードといえるでしょうが、やはり最も重要な意味をもつのは「オンリーワン」です。

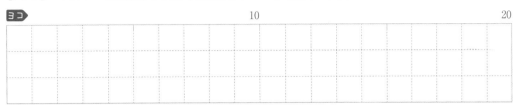

基本練習

答えは別冊10ページ

【問1】　P.114の課題文の例の主張を、50字程度で簡単にまとめよう。

ヨコ ▶

						10												20

【問2】　P.114の課題文の例の趣旨を踏まえて小論文を書く場合、どのような問題提起にすればよいか。考えて書いてみよう。

54 課題文がある場合の小論文の書き方

　課題文のある小論文問題の場合、第一段落に課題文の主張を示すのが基本です。そうすることで、論点を定めると同時に、しっかりと課題文を理解したことを採点者に示します。

　基本の書き方は、書き出しを次のようにします。

> **課題文の主張をまとめると、「　　　　　　」となる。では、……だろうか。**

　このとき、それが自分の意見ではなく、その課題文をまとめたものだということがはっきりわかるように書く必要があります。もし、この書き出しで取り上げることが、課題文で少しだけしか触れていない内容であったら、当然、的外れになってしまいます。あくまでも、課題文が最も強く主張していることについて論じる必要があります。

　書き出しで課題文の主張を示し、それに対して問題提起できたら、あとは第1章で学んだ四部構成（字数によっては二部構成）で書いていきます。

　また、課題文がある小論文問題の場合、課題文に書かれていることをそっくりそのまま繰り返すだけの文章を書く人がいます。それでは小論文になっていません。その文章の内容についての自分の意見を書いてこそ小論文になります。そうするためにも、初めにきちんと課題文の主張を示して、それについて問題提起してください。

　ではここで、P.114の課題文の例を読んで、自分の考えを示した小論文の模範例を紹介します。

例

　<u>課題文の主張をまとめると、</u>「一番になろうとして競争してこそ、自分らしさを発揮できる。自分らしくすればいいと考えていると努力しなくなる。だから、一番になろうとして努力する時期があっていい」<u>となる。では、</u>一番になろうとして努力する時期があってよいの<u>だろうか。</u>

　確かに、「一番になろう」と競争して、勝ったり負けたりすることで、人は自分の能力や個性を見つけ、それを伸ばすことができる。もし競争しなければ、自分が何を得意としているのかに気づかないままになることもあるだろう。そうした意味で、競争は必要である。しかし、「一番になろう」とすることは好ましくない状況をもたらす。そのため、一番になろうという意識をもつのは、あまりよいことではないと私は考える。

　競争して一番になっても、また次の競争が始まる。いつまでたっても競争は終わらないので、人はいつまでも幸せになれない。そのうえ、競争すると、大勢の人が敗者になって不幸な人生を送ることになる。一番であることを重視して勝ち負けをはっきりさせる社会では、このように誰も幸せになれないのである。それよりも、自分らしさを大事にして、それぞれの個性を認め合い、助け合って生きていく社会のほうが、誰もが幸せに生きることができる。

　以上述べたとおり、私は、一番になろうとして努力する時期は必要ないと考える。

基本練習

答えは別冊11ページ

　次の文章は、P.114 の課題文の例を読んで、自分の意見を述べた小論文の第一段落だが、いずれも好ましくない。どのような点が好ましくないのかを、指摘してみよう。

① 　ナンバーワンになる必要はなく、オンリーワンでよいという考えでは、個性を見つけ出すことができないので、ナンバーワンを目指すべきなのだろうか。

[   ]

② 　この文章は、一番になろうとして競争してこそ、自分らしさを発揮できる。自分らしくすればいいと考えていると努力しなくなる。だから、一番になろうとして努力する時期があっていいと語っている。では、一番になろうとして努力する時期があってよいのだろうか。

[   ]

③ 　この文章は、一番になろうとして競争してこそ、自分らしさを発揮できると語っている。また、自分らしくすればいいと考えていると努力しなくなるという。だから、一番になろうとして努力する時期があっていいというのが主張である。では、一番になろうとして努力する時期があってよいのだろうか。

[   ]

まとめのあと、問題提起をする

119

　文章ではなく、表やグラフなどの資料が示され、それを読み取ったうえで自分の意見を書くことが求められる問題があります。次の資料を見ながら、説明していきます。

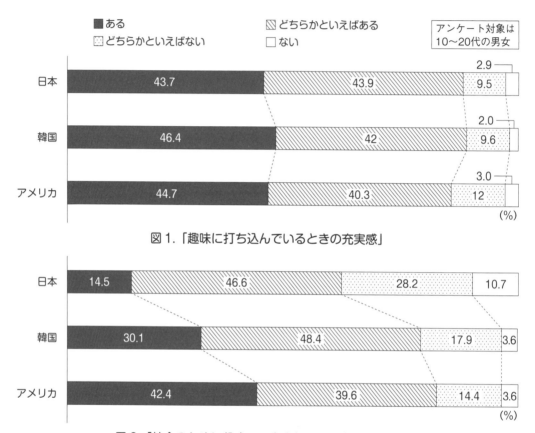

図1.「趣味に打ち込んでいるときの充実感」

図2.「社会のために役立つことをしているときの充実感」

　こうした資料が示されたうえで、それに対する自分の意見を述べる場合、示された図表の内容を正確に読み取れさえすれば、あとは課題文がある場合の書き方と基本的には同じです。

　ただ、次のことに気をつけてください。

◎グラフ・表も何かを主張している

　まず、頭に入れておいてほしいのは、グラフや表にも、ほとんどの場合、課題文と同じように何らかの主張や指摘があるということです。もちろん、グラフや表の場合も、課題文と同じように、主張が明確でなく、様々に読み取ることが可能な場合があります。しかし、その場合も、その資料から、何らかの主張や指摘を読み取らなければならなりません。したがって、そうした主張をどうやって読み取るかについて、考える必要があります。

◎巨視的に読み取る

　資料に込められた主張を読み取るには、まずは、巨視的にグラフや表を見るとよいでしょう。とりあえずは、細かいところは無視しても構いません。大きな数字の違いや変化に、目をつけます。

　左ページのグラフは、日本と韓国、アメリカの「趣味に打ち込んでいるとき」と「社会のために役立つことをしているとき」の充実感を比較したものです。図1の日本、韓国、アメリカの数値に大差はありません。ですから、まずは無視してください。図2を見てみます。すると、充実感があるという回答について、日本は14.5%、韓国は30.1%、アメリカは42.4%と大きな差があります。ここに目をつけてください。

基本練習　答えは別冊11ページ

　P.120の資料全体から、どんなことがわかるか。80字から100字程度で書いてみよう。

ヨコ										10										20

56 図表がある場合の小論文の書き方

　問題でグラフ・表が与えられて、その図表についての意見が求められた場合、課題文を読んで書く場合と同じように、その資料の読み取りをして、第一段落でその結果をまとめ、それについてどう考えるかを問題提起するのが正攻法です。

　P.120 のグラフの場合、「日本人の若い男女で社会のために役立つことをしているときに充実感を覚える人は、アメリカの三分の一程度、韓国の半分程度しかいない」ということがわかったわけですから、それでよいのかどうかを問題提起するとよいでしょう。

　学校推薦型選抜や総合型選抜では学ぶ意欲や積極性が重視されますので、この課題の場合、「社会的な活動に充実感を覚える必要はない」という方向で書くと、評価の点でマイナスになりかねません。

> 「若者には社会性が必要だ」
> 「社会をよくしようという意識があってこそ国が成り立つ」
> 「社会に役立とうとしてこそ生きがいをもてる」

という方向で書くほうがよいでしょう。

　今回も四部構成の型を用いると、うまくいきます。

　第一段落で問題提起したあと、第二段落で、「確かに……しかし……」という表現を使って反対意見にも考慮します。そして、そのあとで、若者が社会に役立とうとすることの大切さについて説明し、最後に結論を述べます。

基本練習

答えは別冊12ページ

　P.120 の資料を見て、その内容を踏まえたうえで、あなたの意見を 500 字以内でまとめよう。

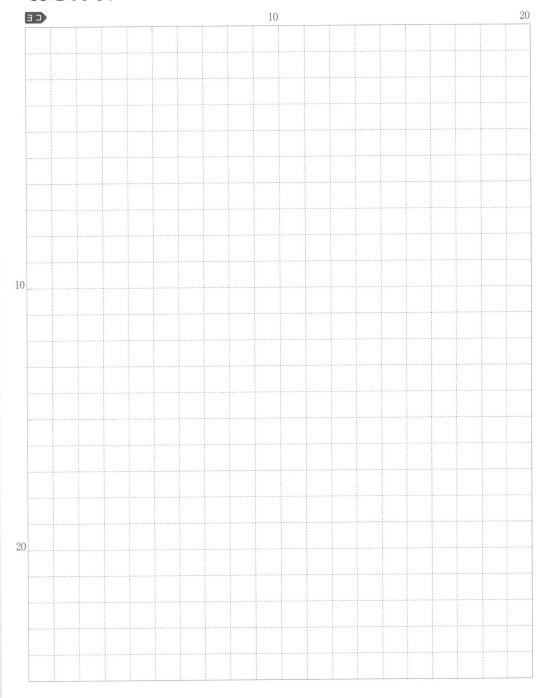

57 要約問題の書き方

　小論文問題として出題されながら、実際には論じることを求めるのではなく、課題文の要約や、あることの理由や語句の説明、ある問題についての対策を示すことなどを求める問題が含まれることがあります。一つの小論文問題に複数の小問があって、それらに要約問題、説明問題が含まれていることもあります。

　これらについては、一般の小論文とは異なった書き方をします。とりわけ、要約問題はしばしば出題されますので、しっかり身につけておきましょう。

　要約には、次の三つの大原則があります。

◎課題文を読んでいない人にもわかることを前提にして書く

　要約だけで、誰にでも意味が通じることをめざさなくてはいけません。

◎課題文のキーワードはそのまま使う

　課題文のキーワードはそのまま使うべきです。ただし、わかりにくい語句の場合は説明を加えます。そうでないと、課題文を理解したことが採点者に伝わりません。

◎キーワード以外の難しい表現などは、よりわかりやすい自分の言葉に直す

　課題文から文を抜き出して並べるだけではいけません。たとえば、課題文に「科学技術が可逆的でないということは、否定のしようがない」と書かれていた場合、よりわかりやすく、「科学技術は後戻りできない」というように言い直すべきです。

　では、具体的にどう要約を書けばよいのでしょう。基本的には、P.022 第1章 07「二部構成（頭括型尾括型）」で説明した頭括型か尾括型で書く二部構成にします。

　頭括型の場合、先に課題文の主張を書いて、次にその説明を加えます。尾括型の場合には、課題文の内容を少しずつ追っていき、最後に結論を示します。大学入試の要約問題では、尾括型のほうがまとめやすいことが多いでしょう。

POINT

　「要約の場合は、段落を変えるべきではない。書き出しの1マスを空けてはいけない」と教えている指導者がいますが、それは間違いです。

　段落を変えなかったり、書き出しの1マスを空けなかったりするのは、要約であるかどうかという問題ではなく、「文章」（あるまとまった記述をしている文のまとまり）と見なすかどうかによります。つまり、字数が200字以下の場合は、一般に「文章」と呼べるほどの文量がないため、1マス空けなくてよいでしょう。また、そのようなときには、句読点が行の初めにあっても構いません。

　しかし、300字を越す場合は、一般に文章と見なされるので、要約であっても、原稿用紙の書き方を守るのが原則です。

基本練習

答えは別冊13ページ

P.114 に掲載した課題文の例として挙げた文章を読み直し、150 字以内で要約しよう。

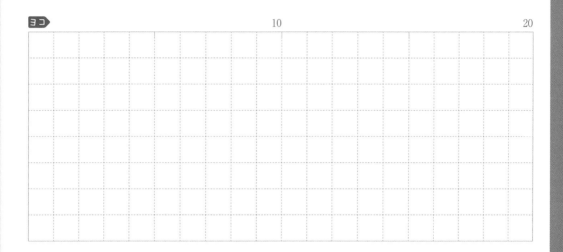

58 説明問題の書き方

　一つの小論文問題に複数の小問がある問題の場合、あることについて説明を求められることもあります。「……なのは、なぜか」「……とは何か」「……には、どんな場合が考えられるか」などというように問われます。

　こうした問題については、頭括型で答えることをお勧めします。

---

①まず、ズバリと結論を言う

　　たとえば、「……なのは、なぜか」という問いの場合は、まず「……なのは、――だからである」と答えます。

②そのあとに説明を加える

　　結論を述べたら、それに対して説明を加えていきます。

　このように頭括型で文章を書くことで、問われた内容に対してうまく答えることができます。

POINT

　設問で、「……なのは、なぜか」と問われたら、文末を「……だから」と書き、「……とはどういうことか」と問われたら、「…ということ」と書くと教える指導者がいるようですが、鵜呑みにしてはいけません。

　50字以内でまとめるような現代文や社会科の記述問題であればそれでよいのですが、字数が150字を超えるような小論文問題として出題された場合、そうすべきではありません。

　特に200字や300字で答える場合、全体を一つの文で書くと、文が長すぎて意味不明なものになってしまいます。だからといって、いくつかの文に分けて書いて、最後の文だけを「……だから」「……ということ」で終わらせると、これも日本語として正しくありません。

　頭括型を使って、初めに結論を大まかに答えて文を区切り、そのあとに説明を加える形にすれば、うまくまとめることができます。

基本練習

答えは別冊13ページ

　次の文章は、「グローバル化とはどういうことかを200字以内で説明しなさい」という問いに対する答えである。これらのうちのどれが好ましく、どれがそうではないか。それぞれの文章に対して、【　　】に○か×かを答え、○のものについては好ましい点を、×のものについてはよくない点を説明しよう。

① 技術革新によって、人に関しては仕事や旅行で国境を越える人が増えていき、モノに関しては貿易が飛躍的に伸びて、どの国の人も日常的に外国製品を使うようになり、インターネットの発達により株の売買や商品の購入が世界規模で行われるようになり、情報においては、瞬時に外国のニュースが入り、意見交換などが世界的にできるようになったこと。

【　　　】

② 技術革新によって、人に関しては仕事や旅行で国境を越えることが盛んになった。モノに関しては貿易が飛躍的に伸びて、どの国の人も日常的に外国製品を使うようになった。また、インターネットの発達により株の売買や商品の購入が世界規模で行われるようになった。情報においては、瞬時に外国のニュースが入り、意見交換などが世界的にできるようになったこと。

【　　　】

③ 技術革新によって「人・モノ・カネ・情報」が国境を越えて行き交うようになったことである。人に関しては仕事や旅行で国境を越えることが盛んになった。モノに関しては貿易が飛躍的に伸びて、どの国の人も日常的に外国製品を使うようになった。またインターネットの発達により株の売買や商品の購入が世界規模で行われるようになった。情報においては、瞬時に外国のニュースが入り、意見交換などが世界的にできるようになった。

【　　　】

提言型の問題の書き方

近年、小論文問題として増えているのは、提言型の問題です。たとえば、

- 「……を解決するには、どのような方法があるか。あなたのアイデアを示しなさい」
- 「……に対して、どのような対策が考えられるか」
- 「……の問題について、あなたならどのように解決を図るか」

などというように問われます。

これらの問題の場合も、これまで説明してきた型を用います。

字数が少ない場合

指定字数が少ない場合は、頭括型を用いて二部構成で書きます。

★第一部　自分の考えるアイデアや対策をズバリと示す。
★第二部　自分のアイデアや対策の内容、その利点などを説明する。

字数が 300 字を超す場合

指定字数が 300 字以上の場合は、四部構成で書きます。

★第一部　自分の考えたアイデアや対策の要点をズバリと示す。
★第二部　「確かに……。しかし……」の形を応用する。
　　　　　この場合、二つの書き方があります。どちらで書いてもよいでしょう。

- 「確かに、私のアイデアには問題点がある。たとえば……。しかし、──。」というように、自分のアイデアの限界や問題点をあらかじめ示しておいて、「しかし」で切り返す。
- 「確かに、これ以外にもよいアイデアがある。たとえば……。しかし、──。」というパターンで、別のアイデアのよさを示したあとに切り返す。

★第三部　自分のアイデアや対策がなぜよいのか、どんな効果があるのか、それを実行するにはどのようなことが必要か、などを説明する。
★第四部　もう一度、自分のアイデアや対策を簡潔に示す。

基本練習

答えは別冊14ページ

学校でのいじめをなくすにはどうすればよいだろうか。あなたの意見を600字程度でまとめよう。

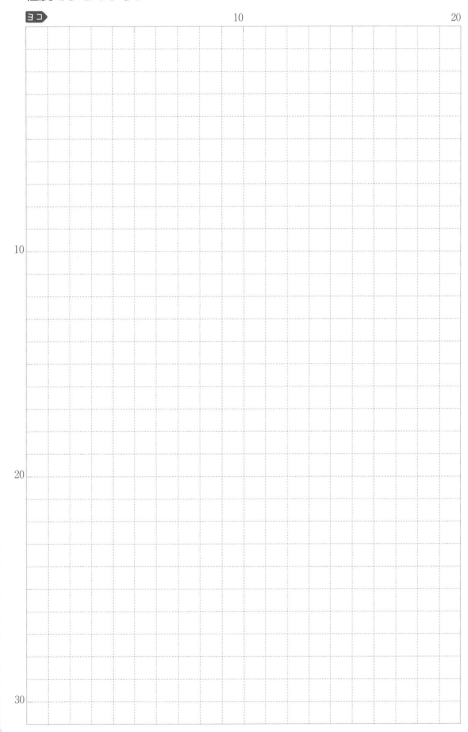

60 過去問に取り組むときの注意点

小論文の基本を身につけたら、まず自分の志望している大学の過去問を見てみましょう。

既に説明したように、一口に「小論文問題」といってもさまざまなものがあります。そして、ほとんどの大学で、通常はそれまでの問題傾向を継承する傾向があります。つまり、前年と同じようなタイプの問題が出る可能性が高いのです。もちろん、大きく傾向が変わることもありますので、他のタイプの問題についても書き方を学んでおく必要はありますが、まずは、志望校でねらわれそうな問題を重点的に学びましょう。

実際に取り組む

過去問は、5年分くらいを実際にやってみるとよいでしょう。初めのうちは、時間制限を考える必要はありません。時間をかけ、時には本やインターネットで調べて書いてよいのです。そうすることによって、志望校がどのような考え方やどのような知識を求めているのかがわかってくるはずです。だんだんと知識も増えてきます。

添削を受ける

自分なりに書いたら、信頼できる学校の先生や塾・予備校の先生に相談をし、自分の書いた小論文を添削してもらうことをお勧めします。

小論文の場合、自分で出来不出来の判断をするのが難しいので、先生による添削を受ける必要があります。本書の執筆陣も、通信添削指導をしています。他にも小論文の指導塾がありますので、指導を受けてみるとよいでしょう。

こうして、志望校の過去問に対する小論文を書き終えたら、似た傾向の他の大学の過去問にも挑戦しましょう。それも知識を増やすのに役立ちます。そして、受験直前になったら、志望校の過去問に再度挑戦してみます。繰り返し書くことによって、知識が定着してきます。

このあとの「入試レベルにチャレンジ」では、①人文系、②社会系、③医療系の典型的な過去問を示します。ぜひ挑戦してみてください。

入試レベルに チャレンジ①

人文系

〔設 問〕

　次の文章は、人間の〈欲望の対象〉と〈欲望の原因〉との違いについて述べたものです。著者の意図を要約しながら、これについてあなたの考えを900字前後で論述しなさい。

　狩りというのはなかなか大変なものである。重い装備をもって、一日中、山を歩き回らねばならない。お目当ての獲物にすぐに出会えるとも限らない。うまいこと獲物が見つかれば、躍起になって追いかける。そのあげく、捕れた捕れなかったで一喜一憂する。

　そんな狩りに興じる人たちについてパスカル*はこんな意地悪なことを考える。ウサギ狩りに行く人がいたらこうしてみなさい。「ウサギ狩りに行くのかい？　それなら、これやるよ。」そう言って、ウサギを手渡すのだ。

　さて、どうなるだろうか？

　その人はイヤな顔をするに違いない。

　なぜウサギ狩りに行こうとする人は、お目当てのウサギを手に入れたというのに、イヤな顔をするのだろうか？

　答えは簡単だ。ウサギ狩りに行く人はウサギが欲しいのではないからだ。

　狩りとは何か？　パスカルはこう言う。狩りとは買ったりもらったりしたのでは欲しくもないウサギを追いかけて一日中駆けずり回ることである。人は獲物が欲しいのではない。退屈から逃れたいから、気晴らしをしたいから、ひいては、みじめな人間の運命から眼をそらしたいから、狩りに行くのである。

〈中略〉

　パスカルは賭け事についても同じことを述べている。毎日わずかの賭け事をして、退屈せずに日々を過ごしている人がいるとしよう。「賭け事をやらないという条件つきで、毎朝、彼が一日にもうけられる分だけのカネを彼にやってみたまえ。そうすれば、君は彼を不幸にすることになる」。当然だ。毎日賭け事をしている人

はもうけを欲しているのではないのだから。

　パスカルが述べていることをより一般的な言い方で定式化してみよう。それを、〈欲望の対象〉と〈欲望の原因〉の区別として説明することができるだろう。

　〈欲望の対象〉とは、何かをしたい、何かが欲しいと思っているその気持ちが向かう先のこと、〈欲望の原因〉とは、何かをしたい、何かが欲しいというその欲望を人のなかに引き起こすもののことである。

　ウサギ狩りにあてはめてみれば次のようになる。ウサギ狩りにおいて、〈欲望の対象〉はウサギである。たしかにウサギ狩りをしたいという人の気持ちはウサギに向かっている。

　しかし、実際にはその人はウサギが欲しいから狩りをするのではない。対象はウサギでなくてもいいのだ。彼が欲しているのは、「不幸な状態から自分たちの思いをそらし、気を紛らせてくれる騒ぎ」なのだから。つまりウサギは、ウサギ狩りにおける〈欲望の対象〉ではあるけれども、その〈欲望の原因〉ではない。それにもかかわらず、狩りをする人は狩りをしながら、自分はウサギが欲しいから狩りをしているのだと思い込む。つまり、〈欲望の対象〉を〈欲望の原因〉と取り違える。

　賭け事でも同じように〈欲望の対象〉と〈欲望の原因〉を区別できる。賭け事をしたいという欲望はもうけを得ることを対象としている。だがそれは、賭け事をしたいという欲望の原因ではない。繰り返すが、「毎日カネをやるから賭け事をやめろ」と言うなら、あなたはその人を不幸にすることになるのだ。その人はもうけが欲しいから賭け事をしているわけではないのだから。

　どちらの場合も、〈欲望の原因〉は部屋にじっとしていられないことにある。退屈に耐えられないから、人間のみじめさから眼をそらしたいから、気晴らしがほしいから、汗水たらしてウサギを追いもとめ、財産を失う危険を冒して賭け事を行う。それにもかかわらず、人間は〈欲望の対象〉と〈欲望の原因〉を取り違える。ウサギが欲しいからウサギ狩りに行くのだと思い込む。

（國分功一郎『暇と退屈の倫理学』〈太田出版〉による）

(注)　＊パスカル……フランスの哲学者・数学者・物理学者（1623〜1662）。

〈立教大学アスリート選抜入試・一部改〉

入試レベルに チャレンジ②

社会系

次の文章を読んで、あとの問いに答えなさい。

　象牙は古くから日本人に親しまれてきた材料です。印鑑や装飾品の他、三味線のバチ・糸巻き、琴の爪や柱、和裁のへらなどに広く使われてきました。中国でも装飾品などの材料として用いられています。象牙を取るためにはオスの象を殺して、象牙を切り取るしかありません。

　アフリカ象はケニアやタンザニアなどの中部アフリカと、南アフリカやナミビアなどの南部アフリカに生息しています。

　中部アフリカでは象の個体数の減少が問題です。この地域では象は保護獣で狩猟禁止です。けれども、禁猟がかえってあだとなり、密猟者が係官に賄賂を払って行う密猟が横行し、ますます個体数が減少しています。

　南部アフリカでは、地域社会が伝統的に象を管理してきました。持続可能な頭数だけオスを捕獲し、象牙を輸出してきました。象牙の売り上げは地域に還元され、社会に貢献してきました。個体数は適正レベルが維持されてきました。

　ワシントン条約の正式名称は「絶滅のおそれのある野生動植物の種の国際取引に関する条約」です。〈中略〉日本は1980年に締約国となりました。その正式名称が示すとおり、絶滅のおそれのある野生動植物や、それらから作られる製品の輸出入を規制する条約です。アフリカ象も絶滅のおそれがあるとして、象牙の輸出入は厳しい規制対象となっています。

　欧米の自然保護団体は以前から「象を殺さないで」とキャンペーンを続けています。実際に中部アフリカの象は絶滅の危機にあるので、象牙の国際取引は条約で事実上禁止されました。その結果、南部アフリカで何が起きたのでしょうか。地域社会は象牙が高価で売れるから象を管理してきたのです。売れなくなってしまえば、象は経済価値のない、危険極まりない害獣でしかなくなります。農地を荒らし、家を壊し、時には人を傷つけます。これまで象を大切に管理してきた住民が象を敵視し、根絶やしにしようと考えるようになっても不思議ではありません。南部アフリカ諸国の政府は象牙の国際取引を再び認めてほしいと、ワシントン条約の締約国会議のたびに訴えてきました。しかし、この条約の締約国会議では欧米の自然保護団

体が強い影響力を持ち、長い間、国際取引は認められませんでした。

　2007年の条約締約国会議で、日本は象牙の輸出入管理が適正に行える国であるということが認められ、ボツワナ、ナミビア、南アフリカ、ジンバブエのアフリカ南部4ヵ国の政府所有の象牙の在庫に限って輸入することが認められました。翌2008年には中国にも同様の措置が認められました。

　しかし、象の密猟は後を絶たないと言われています。2016年10月2日、南アフリカで開催された条約締約国会議では密猟を防ぐため、象牙の国内市場の閉鎖を各国に求める決議案が全会一致で採択されました。ワシントン条約が国際取引だけでなく、国内取引にまで言及するのは異例のことです。ただし、日本や南アフリカが一律の禁止・閉鎖に難色を示したため「密猟または違法取引の原因となるような国内市場」の閉鎖に限定が付けられました。日本政府は「国内市場は管理されていて、違法品は排除されている」ので市場閉鎖は行わないとしています。これに対して、自然保護団体は中国に日本から密輸出された象牙が摘発されたこともあって、「日本の管理制度は抜け穴だらけ」と批判しています。日本が国内で象牙の売買を続ければ国際的批判を浴びるおそれもあります。

　全世界で象牙の国内市場が閉鎖されたら、象は経済価値を失います。南部アフリカの貴重な資源であった象は厄介者となり、再び駆除の対象になるでしょう。その結果、中部アフリカに続いて南部アフリカでも絶滅の危機に追いやられるかもしれません。

〔設　問〕
　国内の象牙取引は厳正に管理されているので、国内市場は閉鎖しないという日本政府の考えをあなたは支持しますか。支持しませんか。それはなぜですか。象の保護のあり方や南部アフリカの地域社会の事情を踏まえて700字以内で答えなさい。

〈法政大学人間環境学部　自己推薦特別入学試験・一部改〉

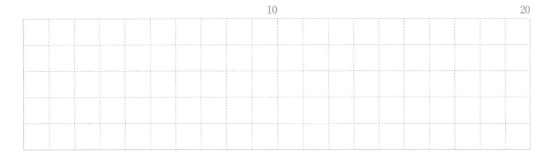

入試レベルに チャレンジ③

医療系

次の文章を読んで、あとの問いに答えなさい。

　同じことのようでいて、順番しだいで印象が変わるから言葉はこわい。たとえば、人を評して「実直だが、仕事が遅い」と「仕事は遅いが実直だ」ではずいぶん違う。いい言葉で締めてもらえば株は上がるし、悪い言葉なら逆になる▼ある意味、人の一生も似ていよう。功成り名遂げた人生でも、終わり方しだいで幸不幸の彩りは変わる。逆もまたしかり。老境に入って、ふさわしい尊厳を保つことは、人が生きるうえで疎かにできない▼52万人という数字がきのうの紙面で目にとまった。特別養護老人ホームへの入居待ちのお年寄りだという。4年前より10万人増えて、より切実な「在宅で要介護3以上」は15万人を超す。困っている人が、終のすみかにたどり着けていない▼昨今は「待機」といえば児童だったが、じきに団塊世代が75歳を超えていく。家族や地域は揺らいで久しく、蓄え不足や病気など、それぞれに事情を抱えて老いを歩む。実らせてきた人生が、終幕の境遇で暗い印象に染まるなら、つらいことだ▼介護や医療ばかりではない。独居のお年寄りをさいなむ孤独感は地域を問わずに影が濃い。それが万引きやアルコール依存の温床にもなっている。思いがけず晩節を汚す人も、少なくないと聞く▼シェークスピアの劇にこんなせりふがあった。〈終わりよければすべてよし、終わりこそつねに王冠です〉（小田島雄志訳）公助と共助と自助。生きることを支える網と人同士のつながりづくりが、待ったなしだ。

（朝日新聞 2014 年 3 月 27 日朝刊　天声人語）

〔設　問〕
　この文章の内容を踏まえて高齢者支援のあり方について、あなたの考えを400字以内で述べなさい。句読点および段落のために生じる余白も字数に含みます。

〈首都大学東京（現・東京都立大学）保健福祉学部作業療法士作業療法学科　一般推薦〉

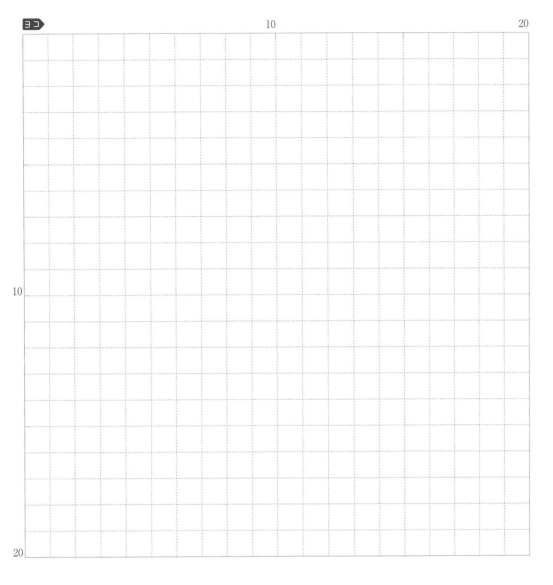

大学入試

総合・推薦入試を ひとつひとつ わかりやすく。

解 答 & 解 説

Gakken

01 小論文と作文の違い

▶問題は本冊p.011

【問題1】

解答 ②

解説 ①は体験が書かれているだけであり、また、「驚いた」「悲しくなった」などの感情的な表現があるので作文と見なされる。②は現状を説明し、きちんと問題提起をしているので、小論文の一部と考えられる。

【問題2】

解答例

①死刑制度を存続させるべきか・死刑制度を廃止するべきか

②外国人の医療従事者を増やすべきか・外国人の医療従事者の試験を改善するべきか

③全ての屋内で喫煙禁止にするべきか・法律で全ての屋内での喫煙を禁止する法律を作るか

解説

①「死刑制度は犯罪の減少に効果があるか」なども考えられるが、それには調査が必要なので、小論文の問題提起としては適当ではない。

②外国人の医療従事者向けの試験問題に難解な日本語が多いために合格者が少ないことが問題になっている。

02 原稿用紙の使い方

▶問題は本冊p.013

①

で	あ	る	が	、	そ	の	一	方	で	は	、
科	学	技	術	が	人	間	の	自	由		

②

人	間	の	精	神	と	は	何	か	を	知
っ	て	い	る	こ	と	に	な	る	。	

解説

①行頭のマス目には句読点（「。」「、」）は付けない。

②促音（小さな「っ」）には1マス使う。拗音（小さい「ゃ」「ゅ」「ょ」）も同様。

03 書き言葉

▶問題は本冊p.015

解答例

①グローバル化の問題点について知っていることなど、あまりない。

②医学も進化していくので、昔言われていたこと（など）に信頼を置くべきではない。

③時代は変化するのだから、新しい文化によって自分のスタイルを変えられるようにするべきだ。

④日本は情報社会である。したがって（だから／ゆえに）、農業や工業の時代と異なった価値観をもつべきである。

⑤時代は変わったが、そこで暮らす人間は根本的には変わっていない。

解説

①「とか」は不要。「知ってる」「なんて」「あんまり」は話し言葉。

②「言われてた」「なんか」は話し言葉。「〜ないべき」という表現は、現代語ではあまりしない。

③「〜するんだ」は話し言葉。また、「〜できる」の意味を一語で表す可能動詞になるのは五段活用の動詞だけである。下一段活用動詞の「変える」を「変えれる」とするのは、文法的に誤り。正しくは助動詞「られる」を付けて「変えられる」とする。

④文頭に「なので」を使うのは話し言葉。

⑤「けど」「〜てない」は話し言葉。

04 読点

▶問題は本冊p.017

解答

①しかし、現代社会にはまだ多くの問題点が残されている。

②過去の状況に戻らないように注意しながらではあるが、しっかりと対策を進める必要がある。

③私たちは新しい方法を身につけたが、それを実行するのは難しい。

④世界中から苦難を経た末に集まってきた人々の目的となっているのが、その部屋に飾られる絨毯だった。

⑤伝染病にすぐにかかるのは体力の衰えた人である場合が多く、しっかりした生活習慣を守っている人は、健康を守ることが多い。

解説

⑤重文のあとと、長い主語のあとの二箇所に読点を打つとよい。

05 小論文の文体

▶問題は本冊p.019

解答

①それこそが、指導者の役割なのである。

②多くの若者が、英語の勉強に時間を費やしてきた。

③これまで、高齢者がこれほど増えたことはなかった。

④世界中で、いっそうネットワークが広がっていくだろう。

⑤都市が画一化されたために、住民までも画一化されてしまっているようだ。

解説

①文末は「……役割なのだ」でもよい。「である」と「だ」は同じように使う。

④推測する言い方「～でしょう」の常体は「～だろう」。

06 長すぎる一文を短くする

▶問題は本冊p.021

解答例

　これから必要なのは、西洋から一方的に学ぶのではなく、たくさんの国と会話をとおして理解し合って、対等の立場で互いの文化を学び合うことである。それゆえ、英語で話をする力が必要だ。だが、会話ばかりに力を入れると、本を読んだり文を書いたりする力が弱まることも考えられる。いずれの力も養うことが、これからの英語教育では重要になると思われる。

解説

　いくつかの文に区切る場合、「それゆえ」「だが」などの接続詞を加えるのがコツである。そうすることによって、文と文が自然につながる。

07 二部構成（頭括型・尾括型）

▶問題は本冊p.023

解答例 ①頭括型

私	は	レ	ス	ト	ラ	ン	や	ホ	テ	ル	な	ど	の	公	共	の	場	を
喫	煙	禁	止	に	す	る	こ	と	に	賛	成	で	あ	る	。			
	タ	バ	コ	の	受	動	喫	煙	は	、	健	康	に	大	き	な	害	を	与
え	る	。	一	部	の	喫	煙	者	の	た	め	に	、	タ	バ	コ	を	吸	わ
な	い	人	の	健	康	が	害	さ	れ	る	の	で	あ	る	。	こ	れ	ま	で
の	よ	う	に	、	喫	煙	コ	ー	ナ	ー	を	設	け	る	だ	け	で	は	、
完	全	に	受	動	喫	煙	を	な	く	す	こ	と	は	で	き	な	い	。	受
動	喫	煙	を	な	く	す	に	は	、	公	共	の	場	で	喫	煙	禁	止	に
す	る	し	か	な	い	の	で	あ	る	。	国	民	の	健	康	を	守	る	た
め	に	、	そ	う	す	る	こ	と	が	必	要	だ	と	考	え	る	。		

解答例 ②尾括型

	タ	バ	コ	の	受	動	喫	煙	は	健	康	に	大	き	な	害	を	与	え
る	。	一	部	の	喫	煙	者	の	た	め	に	、	タ	バ	コ	を	吸	わ	な
い	人	の	健	康	が	害	さ	れ	る	の	で	あ	る	。	こ	れ	ま	で	の
よ	う	に	、	喫	煙	コ	ー	ナ	ー	を	設	け	る	だ	け	で	は	、	完

<table>
<tr><td>全</td><td>に</td><td>受</td><td>動</td><td>喫</td><td>煙</td><td>を</td><td>な</td><td>く</td><td>す</td><td>こ</td><td>と</td><td>は</td><td>で</td><td>き</td><td>な</td><td>い</td><td>。</td><td>受</td><td>動</td></tr>
<tr><td>喫</td><td>煙</td><td>を</td><td>な</td><td>く</td><td>す</td><td>に</td><td>は</td><td>、</td><td>公</td><td>共</td><td>の</td><td>場</td><td>を</td><td>喫</td><td>煙</td><td>禁</td><td>止</td><td>に</td><td>す</td></tr>
<tr><td>る</td><td>し</td><td>か</td><td>な</td><td>い</td><td>の</td><td>で</td><td>あ</td><td>る</td><td>。</td><td>国</td><td>民</td><td>の</td><td>健</td><td>康</td><td>を</td><td>守</td><td>る</td><td>た</td><td>め</td></tr>
<tr><td>に</td><td>、</td><td>そ</td><td>う</td><td>す</td><td>る</td><td>こ</td><td>と</td><td>が</td><td>必</td><td>要</td><td>だ</td><td>と</td><td>考</td><td>え</td><td>る</td><td>。</td><td></td><td></td><td></td></tr>
<tr><td></td><td>そ</td><td>れ</td><td>ゆ</td><td>え</td><td>、</td><td>私</td><td>は</td><td>レ</td><td>ス</td><td>ト</td><td>ラ</td><td>ン</td><td>や</td><td>ホ</td><td>テ</td><td>ル</td><td>な</td><td>ど</td><td>の</td></tr>
<tr><td>公</td><td>共</td><td>の</td><td>場</td><td>を</td><td>喫</td><td>煙</td><td>禁</td><td>止</td><td>に</td><td>す</td><td>る</td><td>こ</td><td>と</td><td>に</td><td>賛</td><td>成</td><td>で</td><td>あ</td><td>る</td><td>。</td></tr>
</table>

10

解説

①頭括型を用いる場合、第一部で、ズバリと言いたいこと（最も大事なこと）を書くので、第一段落が短くなる。

②尾括型を用いる場合、第二部で、第一部から導かれた結論を書くので、第二段落が短くなる。

08 小論文の四部構成

▶問題は本冊p.025

①では、日本でも死刑を廃止するべきなのだろうか。

②確かに、殺人事件の……思うことだろう。

　だが、法は人を裁くためのものではない。

③初め：　法とは国民

　終わり：されない。

解説

四部構成の文章の型は、わかりやすい小論文を作成するために欠かせないものである。各段落で書くべき四つの要素はしっかり頭に入れておこう。

09 第一部　問題提起

▶問題は本冊p.027

解答例 ①

<table>
<tr><td></td><td>現</td><td>在</td><td>、</td><td>世</td><td>界</td><td>中</td><td>で</td><td>ご</td><td>み</td><td>の</td><td>量</td><td>の</td><td>増</td><td>加</td><td>が</td><td>問</td><td>題</td><td>に</td><td>な</td></tr>
<tr><td>っ</td><td>て</td><td>い</td><td>る</td><td>。</td><td>都</td><td>市</td><td>部</td><td>で</td><td>は</td><td>ご</td><td>み</td><td>を</td><td>埋</td><td>め</td><td>る</td><td>た</td><td>め</td><td>の</td><td>場</td></tr>
<tr><td>所</td><td>が</td><td>不</td><td>足</td><td>し</td><td>、</td><td>焼</td><td>却</td><td>す</td><td>る</td><td>た</td><td>め</td><td>の</td><td>エ</td><td>ネ</td><td>ル</td><td>ギ</td><td>ー</td><td>も</td><td>か</td></tr>
<tr><td>か</td><td>り</td><td>、</td><td>焼</td><td>却</td><td>す</td><td>る</td><td>と</td><td>有</td><td>害</td><td>物</td><td>質</td><td>が</td><td>出</td><td>る</td><td>。</td><td>つ</td><td>ま</td><td>り</td><td>、</td></tr>
<tr><td>環</td><td>境</td><td>が</td><td>悪</td><td>化</td><td>す</td><td>る</td><td>の</td><td>で</td><td>あ</td><td>る</td><td>。</td><td>そ</td><td>こ</td><td>で</td><td>、</td><td>で</td><td>き</td><td>る</td><td>だ</td></tr>
<tr><td>け</td><td>ご</td><td>み</td><td>を</td><td>減</td><td>ら</td><td>す</td><td>た</td><td>め</td><td>、</td><td>家</td><td>庭</td><td>ご</td><td>み</td><td>を</td><td>有</td><td>料</td><td>に</td><td>す</td><td>る</td></tr>
<tr><td>こ</td><td>と</td><td>が</td><td>提</td><td>案</td><td>さ</td><td>れ</td><td>て</td><td>い</td><td>る</td><td>。</td><td>で</td><td>は</td><td>、</td><td>家</td><td>庭</td><td>ご</td><td>み</td><td>を</td><td>有</td></tr>
<tr><td>料</td><td>に</td><td>す</td><td>る</td><td>べ</td><td>き</td><td>だ</td><td>ろ</td><td>う</td><td>か</td><td>。</td><td></td><td></td><td></td><td></td><td></td><td></td><td></td><td></td><td></td></tr>
</table>

解答例 ②

<table>
<tr><td></td><td>年</td><td>配</td><td>の</td><td>人</td><td>た</td><td>ち</td><td>か</td><td>ら</td><td>は</td><td>、</td><td>若</td><td>者</td><td>の</td><td>使</td><td>う</td><td>日</td><td>本</td><td>語</td><td>が</td></tr>
<tr><td>乱</td><td>れ</td><td>て</td><td>い</td><td>る</td><td>と</td><td>指</td><td>摘</td><td>さ</td><td>れ</td><td>る</td><td>。</td><td>略</td><td>語</td><td>の</td><td>使</td><td>用</td><td>や</td><td>「</td><td>れ</td></tr>
<tr><td>る</td><td>・</td><td>ら</td><td>れ</td><td>る</td><td>」</td><td>の</td><td>誤</td><td>っ</td><td>た</td><td>使</td><td>い</td><td>方</td><td>、</td><td>敬</td><td>語</td><td>や</td><td>こ</td><td>と</td><td>わ</td></tr>
<tr><td>ざ</td><td>の</td><td>誤</td><td>用</td><td>な</td><td>ど</td><td>が</td><td>問</td><td>題</td><td>に</td><td>な</td><td>っ</td><td>て</td><td>い</td><td>る</td><td>。</td><td>一</td><td>方</td><td>、</td><td>こ</td></tr>
<tr><td>れ</td><td>を</td><td>日</td><td>本</td><td>語</td><td>の</td><td>乱</td><td>れ</td><td>と</td><td>見</td><td>な</td><td>す</td><td>べ</td><td>き</td><td>で</td><td>は</td><td>な</td><td>い</td><td>と</td><td>い</td></tr>
<tr><td>う</td><td>意</td><td>見</td><td>も</td><td>あ</td><td>る</td><td>。</td><td>で</td><td>は</td><td>、</td><td>若</td><td>者</td><td>の</td><td>使</td><td>う</td><td>日</td><td>本</td><td>語</td><td>は</td><td>乱</td></tr>
<tr><td>れ</td><td>て</td><td>い</td><td>る</td><td>と</td><td>い</td><td>え</td><td>る</td><td>の</td><td>だ</td><td>ろ</td><td>う</td><td>か</td><td>。</td><td></td><td></td><td></td><td></td><td></td><td></td></tr>
</table>

①ごみの量の増加を防ぐために、有料化が提案されているという客観的事実を最初に示して、問題提起につなげるとうまくいく。
②若者の使う日本語が乱れていると指摘する人がいるという客観的事実を最初に示して、問題提起につなげるとうまくいく。

10 第二部　意見提示

▶問題は本冊p.029

解答例

①「だが」のあとが、問題提起とかみ合っていない。「だが、ペットを飼うのはよいことだ」などとしないと問題提起とかみ合わない。
②「確かに……しかし……」としたあと、また「だが」と書いているために、どちらの立場に立っているのかが曖昧になっている。
③「確かに」のあとが短く、すぐに「だが」と切り返して、そのあとの説明が長くなっている。こうすると、次の第三部「展開」で書くことがなくなってしまう。ペットが病原菌を運ぶことでどうなるかや、それ以外の害など、ペットを飼うことのよくない点をもう少し説明する必要がある。

解説

①問題提起とかみ合っていないことに注目する。
②論の流れがどうなっているかに注目する。
③きちんと説明されていない部分があることに注目する。

11 第三部　展開

▶問題は本冊p.031

解答例

①「ルールが大事だ」と述べているが、電車やバスでの化粧とルールの関係性や、なぜ電車やバスの中の化粧がよくないのかなどの肝心の説明がなされていない。電車やバスの中での化粧がルール違反だというのなら、その根拠を示す必要がある。
②「公共の場の秩序を乱す」「ルールを守るほうがよい」「化粧は隠れてするもの」などいくつかの根拠を示しているが、根拠を羅列するばかりで、説明が十分になされていない。根拠を一つか二つに絞ってくわしく説明するほうがよい。

③電車やバスの中で化粧をするのはルール違反かという問題からずれてしまって、「時間を有効に使うこと」について書いている。

解説

①根拠が書かれていないことに注目する。
②多くのことが羅列されていて、説明が不十分であることに注目する。
③提示されたテーマから、論点がずれていることに注目する。

12 第四部　結論

▶問題は本冊p.033

解答例

①したがって（よって／以上のように／以上述べたとおり）、家庭ごみを有料にすべきだと私は考える。
②したがって（よって／以上のように／以上述べたとおり）、若者の使う日本語は乱れていないと私は考える。

解説

①・②余計なことは加えずに、イエス・ノーを断定すればそれでよい。**解答例**では文末を「私は考える」としたが、もちろん、「ごみを有料化すべきである」と断定する形でもよい。

13 四部構成の全体バランス

▶問題は本冊p.035

解答例

　近年、学校で行われる組み体操の是非について議論されている。危険だという理由でいくつもの地域で禁止されているのである。では、組み体操を禁止すべきなのだろうか。

　確かに、組み体操には危険がつきまとう。発達段階にある児童・生徒は、身体能力の個人差が大きく、大人数で組み体操をしているときに弱いところから崩れて大けがをする恐れがある。だが、そのような危険をなくす努力を教員がしっかり行うことを前提として、私は組み体操を禁止するべきではないと考える。

　組み体操は、クラスが団結し、連帯感を養うための有効な手段であると考える。みんなが団結して自分の役割をしっかりと果たすことによって、大きなことを成し遂げられるという意識を育てることができるのだ。互いに足りない部分を補うことで、みんなの仕事が成り立つことも実感できる。自分の役割を果たし、助け合って全員で一つのことを仕上げる力は、社会に出て責任ある大人として仕事をする際に最も役立つのである。

　以上述べたとおり、組み体操は好ましいものなので、私は禁止するべきではないと考える。

解説

　第一段落で「……だろうか」と問題提起し、第二段落で「確かに……だが……」と論を進めて第三段落で自説の理由を示し、最後に結論を断定するという型を守ろう。また、それぞれの段落のバランスにも注意しよう。

14 志望理由書とは／第一部　志望理由

▶問題は本冊p.037

解答例

①将来弁護士になりたいという志望理由を、ズバリと言い切っていない。

②学びたいことが絞れていない。志望理由として明確さに欠ける。心理学のうち、特にどんな分野を学びたいかを示すほうがよい。

③旅行会社に就職するという夢のために、なぜ歴史文化学科に進学する必要があるのかがわからない。両者を橋渡しする説明がほしい。

解説

①将来の夢をズバリと言い切る自信のない人もいるだろう。しかし、その自信のなさや心の迷いを正直に書くと、志望する熱意が弱いと読み手に思われてしまう。多少自信がなくてもズバリと言い切ろう。

②学びたいこと、やりたいことなどの志望理由はここである程度絞っておかないと、第二部以降に書く内容も焦点の定まらないものになってしまう。

③旅行会社に就職するうえで、歴史・文化を学ぶことにはどんな意義があるかを説明するとよい。

15 第二部 きっかけ

▶問題は本冊p.039

解答例

　裁判を傍聴したときに印象に残った様子を長々と書きすぎている。一方で、「加害者から被害者に対する謝罪の気持ちを引き出した」という、肝心の弁護士の実績を書いていない。

解説

　志望理由に至ったきっかけ話を書くときには、思い出に引きずられて、重要でないエピソードをだらだらと書き、肝心の説明がおろそかになってしまう恐れがある。そうならないように、書く内容を箇条書きでメモして、それぞれを大体どのくらいの分量にまとめるのかをあらかじめ決めておくとよい。

16 第三部 社会的意義・具体的ビジョン

▶問題は本冊p.041

解答例

①大学パンフレットの言葉をそのまま引用しているだけで、自分の考えを一切伝えていない。

②第一部、第二部で書いてきたテーマと、ずれたことを書いている。第三部では「日本文化を体験する旅行の企画」の社会的意義あるいは具体的ビジョンを書くべきだ。

解説

①大学のパンフレットから、第三部に書く内容のヒントを得るのはよい。場合によっては、そっくり引用するのもよいだろう。ただ、引用しただけでは不十分である。そこから自分なりに考えた社会的意義や具体的ビジョンを伝えなくてはいけない。

②第三部に書くネタを探すために、新聞や本を参考にするのはよい。ただし、調べたネタをそのまま用いようとして、第二部までに書いてきたテーマとずれてしまわないように気をつけよう。

17 第四部 まとめ（大学の魅力）

▶問題は本冊p.043

解答例

①好きなバンドのボーカルが志望大学の出身者であることは、第四部に書くべき大学の魅力ではない。

②学食の食事がおいしかったことは、第四部に書くべき大学の魅力ではない。

③ホームページやパンフレットの文章を単に丸写しするだけでは不十分。第三部までに書いてきた内容との関連性が不明確である。なぜ、その学部の「人材養成目的」を読んで、進学意欲が一層高まったのかを説明しなくてはいけない。

④「自分が行けるランクの大学である」「年内に進路を決められる」といったことは、第四部に書くべき大学の魅力ではない。

解説

①・②第四部に書くべき大学の魅力とは、志望理由に関連するものでなくてはいけない。第一部から第三部までに書いてきた内容を踏まえて、大学の魅力を見つけてこよう。

③たとえば、第四部に至るまでに「食文化の国際比較をしたい」ということを志望理由として書いていれば、大学のホームページの「人材養成目的」を引用したうえで、「様々な国・地域の食文化の比較研究をしたい私にとって、貴学は最適の学びの場である」とまとめると筋が通って説得力が出る。

④何でもかんでも正直に伝えればよいというものではない。第一志望か第二志望かなどは関係ない。志望理由書を書くからには、その大学には、自分の希望や夢が叶えられる魅力があることを伝えるようにしよう。

> ※19〜25の準備ワークには、あなた自身の考えや体験を書き込み、志望理由書を作成するための資料にしましょう。

27 自己推薦書とは／第1部　セールスポイント

▶問題は本冊p.065

解答例

①セールスポイントをたくさん盛り込みすぎている。

②細かい作業が得意というのは、内面的な特長とはいえず、自己推薦書で示すセールスポイントとして適切でない。

③笑顔などの表情は、自己推薦書で示すセールスポイントとして適切ではない。

④知性そのものを、自己推薦書一枚でアピールするのは難しいため、セールスポイントとしては適切ではない。

解説

①アピールしたいセールスポイントがいくつもあっても、メインにするものは一つに絞ろう。その他のセールスポイントは思い切って捨てるのがよい。どうしても切り捨てられない場合は、メインのセールスポイントを特徴づける要素として、第二部、第三部の中で、使えないかを考えてみよう。

②自己推薦書で示すセールスポイントは、内面的な特長でなければならない。手先が器用、足が速い、リズム感があるといった身体的能力をアピールするのは適切でない。たとえば、身体的能力を磨くために人一倍努力をしたというのであれば、努力家であることのほうをセールスポイントにしよう。

③自己推薦書で示すセールスポイントは、内面的な特長にする。笑顔がよい、クールであるなどの表情や、その他の見た目の印象全般をアピールするのは適切ではない。それに、自己推薦書にセールスポイントを笑顔と書いておきながら、面接では緊張して、一度も笑顔を作れなかった場合などには、笑い話にもならない。

④「求める学生像（アドミッション・ポリシー）」に「知的好奇心」「知的関心の高い」などの言葉が使われている場合が多いため、「私は知性がある、知的だ」とストレートにアピールしようとする受験生は意外に多い。しかし、これを前面に押し出すと、あとに続く文章が書きづらくなる。また、こうした内容の自己推薦書を読んだ面接官が、その知性を確かめるために面接であえて難しい質問をしてくる危険も高まる。

28 第二部　裏付けとなる体験

▶問題は本冊p.067

解答例

①自分のセールスポイントとした「ねばり強さ」を裏付ける体験談になっていない。「旅の目標達成は友人のおかげ」という美談になっている。

②自分のセールスポイントを裏付ける体験の羅列になっている。

③チーム全体の「協調性」を裏付ける話になっていて、自分自身の「協調性」を裏付ける話としては弱い。

解説

①体験談を書くと、つい思い出に引きずられて、印象に残っていることをあれこれ書いてしまいがちになる。しかし、あくまで自分のセールスポイントを裏付けることを書くのが目的であることを忘れずにまとめよう。

②体験談は一つかせいぜい二つに絞り、そのことでセールスポイントがどう裏付けられるのかをもっと説明するようにしよう。

③チームでの取り組みを裏付けとなる体験の例として用いる場合、その中で自分自身が果たした役割を明確に書くようにしよう。

29 第三部　将来の展望／第四部　まとめ

▶問題は本冊p.069

解答例

①自分のセールスポイントをどう活かすかが書かれていない。

②将来の夢を語るだけで、自分のセールスポイントをどう活かすかを伝えていない。

③看護師には協調性が求められると書いているが、その理由を説明していない。

解説

①将来の展望を述べたら、その実現のために、自分のセールスポイントをどう活かせるのかを考えてみよう。

②自己推薦書の第三部では、大学の研究や将来の夢の実現に向けて、自分のセールスポイントをどう活かすのかを書く。夢を語ることに終始し、伝えるべきことを伝え切れないことにならないように注意しよう。

③自分のセールスポイントが、将来の夢を叶えるのに適していることを伝える場合に、なぜそういえるのかの理由を明確に述べることによって説得力が出る。

36 面接対策の心得「は・に・わ・こ」①

▶問題は本冊p.083

解答例

①志望理由を、ズバリと明確に伝えていない。

②志望理由書に書いたこととは、矛盾した志望理由を
言っている。

③恥ずかしがって、回答をしていない。

④「志望理由書に書いたことを実現できる資質は備
わっていないのでは？」と疑われるような内容を回
答している。

解説

①面接では、恥ずかしがらずに、ズバリと答えよう。
将来の夢が大きく、志望理由を明言する自信のない人
もいるかもしれない。それでも恥ずかしさを振り切っ
て、はっきりと伝えよう。特に志望理由と自分のセー
ルスポイントの二大メッセージは、はっきりわかりや
すく伝えることが重要だ。

②志望理由書や自己推薦書に書いたことと異なる回答
をしてはいけない。そうならないように、出願時に提
出した志望理由書や自己推薦書はコピーをとっておこ
う。もちろん、一字一句書類と同じ内容を回答できな
くてもよい。主たるメッセージが変わらなければ、補
足内容を伝えるのは問題ない。

③人間性を疑われるような趣味でなければ、恥ずかし
がらずに素直に答えればよい。大学の先生が相手なの
で、高尚な趣味をもっていないと評価が下がってしま
うなどと気にしてはいけない。素直に自分の趣味を伝
えればよい。そして、相手がその趣味をよく知らなく
ても理解できるように、具体的にわかりやすく説明で
きるとよい。趣味がないというのは、物事に対する意
欲なしと思われてマイナス。実際には大した趣味を
もっていなくても、何か工夫して伝えよう。

④出願時に提出した書類と、矛盾した回答をしないよ
うに気をつけよう。試験前日に書類のコピーを必ず見
直しておこう。

37 面接対策の心得「は・に・わ・こ」②

▶問題は本冊p.085

解答例

①具体性がない。具体的にどう役に立ったのかがわか

らない。

②アドミッション・ポリシーとのマッチングが悪い。

③回答を一つに絞っていない。自分のマイナス面をた
くさん挙げるだけで終わっている。

④マイナス材料を伝えただけになっている。面接に集
中できないと言うのもよくない。

解説

①「多くの人に役立てたことです」と答えたあとに、「例
を挙げると……」といったフレーズを使い、一つか二
つの具体的なエピソードを挙げるとよい。

②回答としては決して悪くないが、アドミッション・
ポリシーとのマッチングを考えると、再検討したい。
同じエピソードを伝えるにしても、他の部員の協力と
理解を得られたことが力になり、自分の競技力向上に
おいてもプラスになったことなどを伝えられるとよい。
嘘をでっちあげる必要はないが、アドミッション・ポ
リシーとのマッチングを意識して回答内容を用意でき
ないかを考えることで、さらなる好印象を与えられる
可能性が高まる。

③短所を尋ねるのは、自己を客観視できる力を見るた
めでもあるので、正直なのはよいことだが、かといっ
て短所をたくさん挙げなくてよい。一つか二つでよい。
そして、できればその短所をカバーするために日頃気
をつけていることなども伝えたい。

④できる限りマイナス材料を伝えただけで発言を終わ
りにしないように心がけたい。短所を答えるのであれ
ば、それをカバーするために日頃気をつけていること、
失敗であれば、その失敗から学んだことなども伝える
ことで、前向きな姿勢をアピールでき、好印象を与え
られる。

52 課題文の読み取りのコツ①

▶問題は本冊p.115

解答例

①AI（人工知能）は、人間の労働を奪ってしまう

②会話よりも、文法や読み取りを重視する英語教育が
　行われている

③文系の人は、社会に出て数学を使うことはないのだ
　から、勉強する必要はない

解説

それぞれの主張と対立するのはどのようなことかを考
えよう。

①AIと人間の労働について、一般にどのようなことが
語られているかを思い出すと、ヒントが見つかる。

②「会話」に対立するものは何かを、考えてみよう。

③数学について、文系の人が考えそうなことを思い浮
かべてみよう。

53 課題文の読み取りのコツ②

▶問題は本冊p.117

【問題1】

解答例

一	番	に	な	ろ	う	と	し	て	競	争	し	て	こ	そ	、	自	分	ら	し
さ	を	発	揮	で	き	る	。	一	番	に	な	ろ	う	と	し	て	努	力	す
る	時	期	が	あ	っ	て	い	い	。										

【問題2】

解答例

　一番になろうとして努力する時期があってよいのだろうか。

解説

【問題1】

　課題文の主張を「オンリーワンであることが大事と考えて、競争をしな
いのはよくない」「一番にならなくてよいと考えるのは間違いだ」などと
表現することもできる。表現が多少異なっていても、以上のようなことを
主張として捉えていれば、間違いではない。

【問題2】

　この課題文を踏まえた小論文で問題提起をする場合は、【問題1】で捉
えた主張に対して疑問を投げかけるようにするとよい。

54 課題文がある場合の小論文の書き方

▶問題は本冊p.119

解答例

①課題文をまとめているのか、自分の意見なのかがわからない。

②一つ目の文が日本語として正しく書かれていない。「この文章は、一番になろうとして競争してこそ、自分らしさを発揮できる」では、主語と述語が対応していない。

③課題文の主張について、「この文章は……と語っている。」「……という。」「……というのが主張である」と複数の文に分けて述べているためにわかりにくい。

解説

課題文がある場合の小論文の基本の書き方「課題文をまとめると、『　　　』となる。では、……だろうか。」を頭に入れておく。

①課題文について論じることが求められている場合には、まず課題文の内容を明確に示さなければならない。

②・③課題文の内容のまとめを示す場合は、「　」を用いるなどしてわかりやすく示す。

55 図表の読み取り方

▶問題は本冊p.121

解答例

図	1	の	「	趣	味	に	打	ち	込	ん	で	い	る	と	き	の	充	実	感
に	つ	い	て	は	、	三	国	間	に	大	き	な	差	は	な	い	が	、	図
2	の	「	社	会	の	た	め	に	役	立	つ	こ	と	を	し	て	い	る	と
き	の	充	実	感	」	を	覚	え	る	日	本	人	の	若	い	男	女	は	、
ア	メ	リ	カ	の	三	分	の	一	程	度	、	韓	国	の	半	分	程	度	し
か	い	な	い	。															

解説

図1「趣味に打ち込んでいるときの充実感」のグラフでは三国間に大きな差はなく、図2「社会のために役立つことをしているときの充実感」のグラフの特徴を際立たせるために、比較の対象として示されている。それを理解すると、この資料の意味が見えてくるはずだ。

▶問題は本冊p.123

解答例

　二つの図は日本、韓国、アメリカの若者の意識調査の結果である。これらから、日本の若い男女は社会のために役立つことをしているときに充実感を覚える人は、韓国、アメリカに比べて少ないことがわかる。このような状況でよいのだろうか。

　確かに、この調査結果には、自分はそれほど大したことはしていないと考えがちな日本人の謙虚な性質が表れているのかもしれない。しかし、それにしても、この状況は好ましくない。

　これは、日本の若者が社会的な活動にあまり関心がないことを示している。自分の中に閉じこもり、気の合う数人で遊ぶだけで、外に目が向かないのである。そのような状況では、若者が連帯して社会をよくしようという意識をもたなくなる。国の将来を考えることもなく、議論することもない。その結果、社会全体も衰退してしまう恐れがある。

　以上のとおり、私はこのグラフの示す結果は好ましくないと考える。

解説

　この解答例では第二段落で、調査結果からどういうことが考えられるかの推測を述べている。もちろん、「確かに、社会のために役立つことをしているときに充実感を感じる必要はない。しかし……」というように、資料が示す内容をストレートに取り上げて書くこともできるが、この例のように、資料から推測されることを示しても鋭い小論文になる。

57 要約問題の書き方

▶問題は本冊p.125

解答例

人	間	は	一	人	一	人	違	う	の	だ	か	ら	一	番	に	な	ら	な	く
て	も	い	い	、	誰	も	が	オ	ン	リ	ー	ワ	ン	な	の	だ	と	い	う
内	容	の	歌	が	あ	り	、	そ	の	考	え	方	が	日	本	で	定	着	し
て	い	る	。	し	か	し	、	一	番	に	な	ろ	う	と	し	て	競	争	し
て	こ	そ	、	自	分	ら	し	さ	を	発	揮	で	き	る	。	自	分	ら	し
く	す	れ	ば	い	い	と	考	え	て	い	る	と	、	努	力	し	な	く	な
る	。	だ	か	ら	、	一	番	に	な	ろ	う	と	し	て	努	力	す	る	時
期	が	あ	っ	て	よ	い	。												

解説

　150字以内での要約なので、段落を変える必要はない。課題文に沿って、歌の話から始めて、その数が示す考え方に対する筆者の反対意見を書いていき、最後に、「一番になろうとする時期があってよい」という主張を示せば、尾括型でうまくまとまる。

58 説明問題の書き方

▶問題は本冊p.127

解答例

①【×】
　一文が長すぎるために、文意が伝わりにくい。一文を分ける必要がある。

②【×】
　いくつかの文に分けて書いている点では、①よりもわかりやすいが、最後の文が「…こと」となっていて、文として成り立たない。

③【○】
　この書き方がよい。初めにズバリと設問の答えを示し、そのあとにそれに説明を加える形をとっているので、わかりやすい。

59 提言型の問題の書き方

▶問題は本冊p.129

解答例

　学校でのいじめをなくすには、生徒が自由に相談できる場所を学校内に作って、気軽に利用できるようにすればよいと考える。
　確かに、相談所を作っても、それを気軽に利用するよう生徒に促すのは難しい。そうしたところに出入りすることを嫌う人も多く、そこを訪れていること自体も、また、いじめの対象になってしまうことが考えられる。だから、保健室のように、生徒が気軽に出入りできる場になるよう、工夫する必要がある。だが、それができれば、相談所はいじめをなくすのに有効だと私は考える。
　いじめを受けている人は、誰かに相談したいと思っているものだ。しかし、恥ずかしいという思いが強いので、相談する勇気をもてず、黙ってしまう。だから、相談所は、生徒が気軽に行けるところでなければならない。相談員は、優しいお母さん、優しいおじさんというような雰囲気をもつ、気軽に話のできる人であるべきだ。誰でもいじめにあうことがあるということを、相談所の人が説明し、友人として心を開くように仕向け、何でも相談できるようにすれば、そこからいじめの状況が見えて、早いうちに解決できるのである。
　以上述べたとおり、私はいじめをなくすには、生徒が気軽に相談できる場所を学校内に作るのがよいと考える。

解説

　第一段落でズバリといじめをなくすための方法を提言している。第二段落では型どおりに反対意見を考慮して、「だが」で切り返し、第三段落で最初に示した自分の提言が正しいこと、役立つことを説明している。このように提言型の小論文もこれまで学んだ四部構成で書くことができる。

入試レベルにチャレンジ①（人文系）

▶問題は本冊p.132

解答例

　課題文をまとめると、こうなる。「フランスの哲学者パスカルによると、ウサギがほしいからウサギ狩りをするのではなく、お金がほしいから賭け事をするのでない。狩りにお

けるウサギや賭け事におけるお金は、欲望の対象ではあるけれど、実は欲望の原因ではない。だが、人間は、欲望の対象を欲望の原因と取り違え、自分はウサギやお金を求めていると思い込む。実際には、欲望の原因は、退屈に耐えられないことや、人間の惨めさから目をそらしたいという気持ちにある」。では、課題文に語られているように、人間は欲望の対象を欲望の原因と思い込んでいて、本当の欲望の原因は人間の惨めさを見ないようにすることなのだろうか。

　確かに、課題文に言われるとおり、人間は欲望の対象を欲望の原因と取り違える。実際にはお金そのものがほしいわけではないのに、賭けをしているときには賭けに勝って金を得ることを必死に望む。その意味では、人間は欲望の対象を欲望の原因と取り違えている。だが、私は、この筆者が言うように、退屈や人間の運命に耐えられないことが欲望の原因とは考えない。もっと別の原因があると考える。

　人間は何よりも生きている実感を得たいと思い、狩りをし、賭け事をすると私は考える。狩りをして獲物を捕らえたときの快感、賭けで勝ったときの快感、それどころか、獲物を逃したときの悔しさ、賭けに負けて金をなくしたときの悲しみさえも、生きている実感である。狩りをしているとき、賭けをしているとき、心臓がドキドキし、時には体に痛みさえも感じる。つまり、人間はそのようなとき、自分の生きている肉体を意識するのである。何度も負け、悔しさを感じ、やっと勝ったとき、人は生きていることの喜びを覚え、自分の生をありありと感じる。こうした生の実感を求めることがこれらの欲望の、そして行動の原因なのである。それは人間の運命から逃れたいというよりも、もっと生き生きとしている自分を実感したいということである。

　このように私は、人間は欲望の対象と原因を取り違えるが、欲望の原因は人間の惨めさから目をそらしたいことではなく、生きていると実感がほしいことだと考える。

　課題文は、人間の「欲望の対象」と「欲望の原因」の違いについて述べたものです。課題文の文章は読みやすいので読解は簡単でしょう。四部構成にあてはめるまでもなく理解できると思います。

ステップ 1　文章の内容を捉える

　この文章をまとめると、以下のようになります。
　「フランスの哲学者パスカルによると、ウサギ狩りをしている人はウサギがほしいからそうしているのではない。退屈から逃れたいから、惨めな人間の運命から目をそらしたいから狩りをする。賭け事も同じで、お金がほしいからするのでない。狩りにおけるウサギや賭け事におけるお金は、欲望の対象ではあるけれど、欲望の原因ではない。だが、人間は、ウサギがほしいから狩りをしている、お金がほしいから賭け事をしていると思い込む。欲望の対象を欲望の原因と取り違える。実際には、欲望の原因は、退屈に耐えられないことや、人間の惨めさから目をそらしたいという気持ちにある」

ステップ 2　どのように書くか考える

　この文章を読んで、意見を書くことが求められています。書きやすいのは、この文章で語られていることは正しいかどうか、本当に人間は欲望の対象を欲望の原因と思い込んでおり、実際の欲望の原因は人間の惨めさから目をそらしたいなどの気持ちなのかどうかを考えることです。
　課題文の主張に反対して、「いや、ウサギがほしくて狩りをしているんだ。お金がほしくて賭けをしているんだ」という方向で書くこともできますが、それでは説得力がありません。むしろ全体的には課題文に賛成する方向のほうがよさそうです。しかし、その場合も、できれば部分的な反論をするほうが独自性が出ます。「課題文に書かれているとおりだ。しかし、部分的には納得できない」という方向で書きます。課題文では、狩りや賭け事をする理由として「退屈を紛らわすため」「人間の惨めな運命を忘れるため」といったことが挙げられていますので、それに異を唱えることで独自の意見を示すことができます。それが難しい場合には、課題文が示している狩りや賭け事とは別の例を示すこともできます。
　次のような論が考えられるでしょう。
● 課題文にいわれるとおり、ウサギや金は欲望の原因ではない。それらは「生きるための目標」である。人間は誰しも、本能的に何かを目標にして追いかけたいものである。それを追いかけることが生きることの意味である。
● 課題文にいわれるとおり、人間は欲望の対象を欲望の原因と思い込む。しかし、課題文にあるように「人間の惨めさから目をそらしたい」という気持ちよりも、生きているという実感がほしいと望むことだ。人間は生きている実感を求めて行動する。ゲームをするのも部活に夢中になるのもそのためだ。
● 課題文にいわれるとおり、人間は欲望の対象を欲望の原因と思い込む。しかし、欲望の原因は、課題文にあるように「人間の惨めさから目をそらしたい」という気持ちよりも、他人をうらやましがらせて、自分の価値を確認したいという気持ちにある。たとえば、人間はピカソの絵をほしがるが、それは、他人の持っていないものを手に入れて、うらやましがらせ、自分の価値を確認するためだ。
● 課題文にいわれるとおり、人間は欲望の対象を欲望の原因と思い込む。しかし、欲望の原因は課題文にあるように「人間の惨めさから目をそらしたい」という気持ちよりも、名誉を求めることだ。たとえば、人間はオリンピックのメダルをほしがる。それは、メダルそのものがほしいのではなく、メダルを得ることにより名誉を手に入れ、自分が他の人よりも優れた人生を送っていることを自分に納得させたいからである。
● 課題文にいわれるとおり、人間は欲望の対象を欲望の原因と思い込み、退屈や生きる惨めさから逃れたくて狩りをしたり賭け事をしたりする。人間はものをほしがる。たとえば、オリンピックなどのメダルをほしがる。それは、メダルそのものがほしいのではなく、それを得るために命懸けで努力し、いつか死を迎えるという惨めさから逃れて、生きている証を手に入れようとするためだ。

解答例

　日本政府の「国内の象牙取引は適正に管理されているので、国内市場は閉鎖しない」という考えは正しいのだろうか。

　確かに、象牙の産出量を適正に管理することによって、象牙の国際取引を認める方向に進めれば、象の保護につながる。現在、取引が規制されて象牙が売れなくなったために、南部アフリカの象が害獣として殺されている。しかし象牙の国際取引を認めれば、そのような殺りくが広まるのを防いで、象を守ることができる。また、それらの地域の経済を助けることもできる。それも一つの解決法だと言えるだろう。しかし、私は象牙の取引を続けることに反対である。

　象牙は象を殺して取るものである。しかも、これは本来、装飾品、贅沢品であって、人類にとって絶対に必要なものではない。毛皮などと同じように、なければなくて済ませられるもの、いくらでも代用がきくものである。そのような一部の人間の贅沢のために野生動物を殺すことは、人間として、してはならないことである。象牙を取ることで暮らしている人がいたり、密猟が行われたりするのであれば、別の手立てを考えるべきであって、それを理由に野生動物の殺りくを認めるべきではない。取引市場を認めると、どうしても抜け穴ができて、それが象を殺してもよい、象牙をもっとたくさん産出してもよいという考えに結び付き、ますます密猟を増やすことになる。それよりは日本が率先して、野生動物保護の立場を示すべきである。

　以上述べたとおり、私は日本政府の立場を支持しない。象牙の国内市場を閉鎖して、野生動物保護の立場を世界に示すべきだと考える。

　課題文は難しくありません。しかし、中部と南部のアフリカの状況、ワシントン条約をめぐる状況などがからんでいるので、整理して読まないと流れを追えなくなる恐れがあります。特に中部アフリカの状況と南部アフリカの状況の違いに注意しながら読みましょう。

ステップ 1 ▶ 文章の内容を捉える

　無理に四部構成にあてはめるまでもないと思いますが、この課題文もおおまかに四部構成になっています。初めの6段落までで現状を説明して、問題点を提示しています。現状がかなり複雑ですので、この部分が長くなっています。簡単にまとめると、「象牙は古くからさまざまな形で使用されてきた。象牙を取るには象を殺すしかない。象のいる中部アフリカでは象が減ってきたため狩猟禁止になっているが、かえって、密猟があとを絶たない。一方、南部アフリカでは地域社会が象を管理して、個体数の維持が可能なだけオスを捕獲して、象牙を輸出してきた。ところが、象を殺すなという声が欧米で強いため、象牙の国際取引は全面禁止された。その結果、象が害獣として殺されようとしている。それで、南部アフリカ諸国が取引を認めるよう求めたが、長く認められなかった。（それでよいのか）」ということが示されています。

　その次の二つの段落では、「日本は例外的に象牙取引が認められ、南部アフリカの国も在庫に限って取引が認められた。しかし、そのような措置が批判されている」ということが示されます。そして、最後の段落が結論です。

　この文章は「象牙の取引」について語り、象牙の取引が国際的に厳しく規制されていることを問題視しています。主張をまとめると、「現在、象牙の取引について批判が多いが、象牙取引を全世界で禁止してしまうと、むしろ象が不必要だということになって殺されてしまい、絶滅のおそれがある。」となります。

ステップ 2 ▶ どのように書くか考える

　問いでは、この文章を読んで、「国内の象牙の取引は適正に管理されているので、国内市場は閉鎖しないという日本政府の考えを支持するかどうか」が問われています。

　課題文の立場（日本政府の考え）を支持することもできますが、それほどの知識がないのに、多くの情報に基づいている課題文の内容に何かを付け加えるのは難しいでしょう。賛成の立場では、どうしても課題文の内容を繰り返すことになります。このような場合には、むしろ反対して、「象の命を助けることを考えて、取引をやめるべきだ」という方向で書くほうが書きやすいでしょう。

　日本政府の考えに賛成する場合の根拠としては、次のようなものがあります。

●象牙の産出量を適正に管理することによって、象牙の国際取引を認める方向に進めれば、象に価値が生まれるので、南部アフリカの象を殺りくから守ることができ、それらの地域の経済も助けることができる。

●「動物の命を救おう」というだけでは地球社会の問題の解決にならず、むしろ問題を引き起こしているともいえる。アフリカの地域社会を守ることが結局は象の命を救うことにつながる。先進国がサポートして、持続可能な象牙産業を成り立たせるよう仕組みを作るべきである。

　反対意見の根拠としては、次のようなものがあります。

●象牙は象を殺して取るものであるが、本来、人間には必要のないものだ。単に装飾品でしかなく、生活に不可欠なものではない。取引を閉鎖するのは当然のことだ。

●南部アフリカや日本政府が象牙の市場を閉鎖したくないのは、象牙産業で暮らす人々の生活を守るためと考えられる。だが、一部の人の利益のために、野生動物を犠牲にする必要はない。

●象牙の取引を徹底的に取り締まるのは難しい。どうしても抜け道ができて、それが密猟につながり、象の殺りくにつながる。象を減少、絶滅から救うためにも先進国は象牙の取引に反対の意思を示すべきである。

▶問題は本冊p.140

解答例

　私は、高齢者支援のあり方として「公助と共助と自助」のうち、共助を重視した形が望ましいと考える。
　確かに、公助も必要である。だが、国の経済的な余裕がなくなっている現代において、これ以上公助を行うのは難しい。これからは共助を重視し、地域住民どうしで助け合うことが大事である。
　介護をまだ受けていない人も、高齢になれば介護を受ける立場になる。そのような人が、介護される側を体験することで、よりよい介護を提案することができる。また、既に介護が必要な人であっても、得意なことがある。高齢者がそれぞれ自分の得意なことをすることで、互いの助けになるようなシステムを作るのである。また、学生のボランティアなども受け入れて、社会がそれぞれ困っている人が互いに助け合うシステムを作るのである。
　このような助け合いのしくみづくりが、高齢者支援において何よりも大事だと考える。

解説

　朝日新聞の天声人語が課題文として取り上げられています。天声人語はエッセイ的な文章なので、あまり論理的には書かれていません。それを踏まえて読み取る必要があります。天声人語の場合、段落替えの代わりに▼が使われます。

ステップ 1　文章の内容を捉える

　課題文の第一段落が問題提起にあたります。言葉の順番による印象の違いを例にしながら、締めくくりがどうであるかが大切だということを示唆しています。第二段落が意見提示にあたります。人生も「終わり方しだい」で、高齢になって「ふさわしい尊厳を保つこと」が大切です。その次の「52万人という数字」で始まる段落からが展開にあたります。いよいよ本題に入っていきます。「介護が必要になって困っている多くの人が、特別養護老人ホームに入れずにいる。また、孤独のために万引きをしたり、アルコール依存になったりする高齢者も多い」とまとめられるでしょう。最後の段落が結論にあたります。「公助と共助と自助の網とつながりづくりが必要だ」と語っています。

　この文章が、多くの高齢者が困難な状況で暮らしている問題の深刻さを訴えていることはすぐにわかるはずです。最も伝えようとしていることは、最後の段落でまとめられています。「公助と共助と自助の網とつながりづくりが必要だ」ということです。つまり、公助（国や県、市町村などの公的な機関が福祉政策などによって助けること）と共助（ボランティアなどによって多くの人が互いに助け合うこと）、自助（自分のことを自分ですること）の全てが必要だと結んでいるわけです。

　この文章を踏まえて、「高齢者支援のあり方」について意見を書くことが求められています。この課題文は「公助と共助と自助の網とつながりづくりが必要だ」と訴えていますので、それが本当に必要かどうかを考えるのが正攻法です。しかも、この文章では「公助と共助と自助」を挙げていますので、そのうちのどれを重視するべきかを示すとよいでしょう。

　公助の重要性を示す場合、これには公的なお金が必要ですので、税金などの形での国民の負担が不可欠になってくることを踏まえたうえで、国などの公的機関が補助を出して高齢者を支援することが一層求められるということを示す必要があります。

　共助の重要性を示す場合、地域住民どうしによる支援の取り組みの必要性を説明することができるでしょう。この方向で書くことが、最も現実的な主張になると考えられます。

　自助の重要性を示す場合、高齢者は自立する意欲を失うと気力をなくし、介護が必要な状態となる傾向がありますので、それを踏まえて、できるだけ自立して生活しようとする努力が必要なことを示すことができます。

　字数が多くありませんので、それほど難しく書く必要はありません。第一段落で、三つのうちのどれを重視するべきかを示し、第二段落に第二・三部をまとめて、まず「確かに……」と他の方法に言及したあと、自分の主張をくわしく説明する方法を使うとよいでしょう。